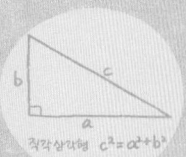

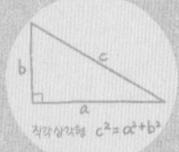

닮고 싶은 창의융합 인재
⑩ 아인슈타인

닮고 싶은 창의융합 인재
⑩ 아인슈타인

1판 1쇄 인쇄 2017년 4월 3일
1판 1쇄 발행 2017년 4월 10일

심재규 글 | 김현정 그림 | 손영운 기획 | 와이즈만 영재교육연구소 감수

발행처　와이즈만 BOOKs
발행인　임국진
편집인　염만숙
출판문화사업본부장　홍장희
편집　이선아 오성임 서은영 김우람
디자인　박영미
제작　김한석
마케팅　김혜원 전소민 유병준

출판등록　1998년 7월 23일 제1998-000170
사용 연령　8세 이상
제조국　대한민국
주소　서울특별시 서초구 남부순환로 2219 방배나노빌딩 3층
전화　마케팅 02-2033-8987　편집 02-2033-8928
팩스　02-3474-1411
전자우편　books@askwhy.co.kr
홈페이지　books.askwhy.co.kr

저작권자ⓒ2017 심재규 손영운
이 책의 저작권은 심재규 손영운에게 있습니다.
저자와 출판사의 허락 없이 내용의 일부를 인용하거나 발췌하는 것을 금합니다.

이 도서의 국립중앙도서관 출판시도서목록(CIP)은 서지정보유통지원시스템 홈페이지 (http://seoji.nl.go.kr)와 국가자료공동목록시스템(http://www.nl.go.kr/kolisnet)에서 이용하실 수 있습니다. (CIP제어번호 : CIP2016021706)

* 와이즈만BOOKs는 (주)창의와탐구의 출판 브랜드입니다.

닮고 싶은 창의융합 인재
⑩ 아인슈타인

글 심재규 | 그림 김현정 | 기획 손영운
감수 와이즈만 영재교육연구소

와이즈만 BOOKs

추천의 말

미래의 창의융합 인재들에게 이 책을 추천합니다!

여러분들은 10년 후, 20년 후에 어떤 세상에서 살게 될까요?
사실 어른들도 정확한 답을 알지 못한답니다. 하지만 창의융합 능력을 가진 인재는 미래가 어떻게 변하더라도 이를 슬기롭게 헤쳐 나가는 것은 물론, 오히려 앞장서서 변화를 만들어 나갈 수 있습니다.

창의융합 능력은 다양한 지식과 정보, 경험을 두루두루 활용하여 창의적으로 문제를 해결해 내는 능력입니다. 이런 능력을 키우는 창의융합 인재 교육을 충실히 받고, 스스로 문제 해결을 하는 경험을 쌓아 간다면 어른이 되어서 만나게 될 더 크고 복잡한 문제도 훌륭하게 해결하게 될 것입니다.

여러분이 창의융합 인재로 성장하는 데 꼭 읽어 보라고 추천하고 싶은 책이 있습니다. 바로 와이즈만북스에서 펴낸 〈닮고 싶은 창의융합 인재〉 시리즈입니다. 이 책은 어떤 사람이 내가 본받을 만한 창의융합 인재인지, 어떻게 하면 창의융합 인재가 될 수 있는지 차분히 생각해 볼 수 있도록 주인공의 일생을 한 권에 담아 매우 자세하고 흥미진진하게 이야기를 들려주고 있습니다.

창의성과 융합 능력의 원동력은 호기심이라 할 수 있습니다. 여러분들은 다방면에 호기심을 갖고 다양하게 융합해 보는 시도를 두려워하지 마세요. 또한 앞선 시대에서 호기심과 창의성, 융합 능력을 실천하고 성과를 보여 준 위인들의 삶을 보면서 여러분의 꿈을 키워 보세요. 그리고 여러분이 가진 상상력을 마음껏 표현하고 펼쳐 보이세요. 왜냐하면 여러분이 바로 미래의 창의융합 인재니까요.

한국과학교육단체총연합회 회장 최돈희

이 책이 여러분의 멘토가 되어 드립니다!

최근 우리나라 교육의 화두는 '창의융합 인재'입니다. 하지만 그 의미가 다소 추상적이어서 과연 누가 창의융합 인재이고, 그 능력을 갖추려면 어떤 노력을 해야 할지 모호한 게 사실입니다. 이것에 대한 방향을 명쾌하고 구체적으로 제시해 주는 책이 바로 〈닮고 싶은 창의융합 인재〉 시리즈입니다.

여러분이 창의융합 인재가 되기 위해서는 먼저 창의융합 인재로 우뚝 선 사람들의 삶과 태도를 면밀히 살펴보는 것이 중요합니다. 그런 다음 자신의 강점과 호기심을 발견하고 인재들의 삶에서 본받을 점을 적용하는 것입니다. 〈닮고 싶은 창의융합 인재〉 시리즈는 어린이들의 멘토가 되어 꿈과 가치관 그리고 생활 습관을 스스로 정하고 실천할 수 있도록 돕는 책입니다.

이 시리즈는 인물의 일생을 연대순으로만 나열하는 기존의 위인전과는 다르게, 창의융합적 특성과 핵심 키워드에 따라 주제별로 인물의 일대기를 재구성했습니다. 익숙한 위인을 새로운 시각으로 바라보고, 생각의 자취를 따라 그들의 머릿속으로 들어가 볼 수도 있고, 위대한 업적이 하루아침에 된 게 아니라는 것을 깨달을 수 있습니다. 아울러 한국사·세계사와 함께 보는 연표, 화보로 보는 창의융합 인재 특성, 재미있는 연관 정보, 당대의 주변 사람들의 인물평과 현대에 이어진 영향 등을 다룬 에필로그까지, 읽을거리가 풍성해 역사와 사회를 이해하는 것은 물론 자기계발의 촉진제가 되기에 충분합니다.

이 책을 읽고 많은 친구들이 창의융합 인재들의 삶 속에서 닮고 싶은 점들을 찾아 '내 것'으로 만들기를 바랍니다.

와이즈만 영재교육연구소 소장 *이미경*

기획자의 말

미래가 원하는 진짜 실력자는 '창의융합 인재'입니다!

오른쪽 사진은 2010년, 스티브 잡스가 아이패드를 세상에 처음 소개하는 장면입니다. 그런데 대형 스크린을 채운 이정표에 새겨진 'Technology(기술)'와 'Liberal Arts(인문학)'이라는 글이 눈에 띕니다. 잡스는 아이패드라는 첨단 전자 제품을 소개하는 자리에서 왜 '인문학'이라는 용어를 사용했을까요? 그가 나중에 했던 말을 살펴보면 그 이유를 알 수 있습니다.

"인문학과 결합한 기술, 인간애가 반영된 기술이어야 가슴을 울리는 결과를 만들어 낸다."

오늘날 우리는 잡스가 만든 아이패드와 아이폰으로 철학 강의를 듣고, 소설책을 보고, 클래식 음악을 감상하고, 영화를 봅니다. 그리고 가상 세계에서 친구를 만나 우정을 나누고 연인과 사랑의 약속을 합니다. 잡스의 말대로 아이패드와 아이폰이라는 기술은 온갖 인문학을 담아냈고, 덕분에 우리는 현실과 상상이 마음껏 어울리는 가상 세계를 갖게 되었습니다.

잡스처럼 두 분야 이상을 접목시켜 새로운 것을 창조하는 것을 '창의융합'이라고 합니다. 잡스는 가장 성공적으로 '창의융합'을 하여 사람들에게는 새로운 미래를 보여 주었고, 자신은 큰 명예와 부를 얻었습니다.

앞으로 잡스처럼 '창의융합 정신'이 충만한 사람, 즉 '창의융합 인재'들이 인류의 현재와 미래를 이끌어 나갈 게 분명합니다. 그래서 많은 나라에서 교육의 목표를 창의융합 인재의 양성으로 잡고 있고, 우리나라도 그렇게 나아가고 있습니다.

정부는 '모든 학생들이 인문·사회·과학 기술에 대한 기초 소양을 함양하여 인문학적 상상력과 과학 기술 창조력을 갖춘 창의융합형 인재로 성장할 수 있도록 우리 교육의 근본적인 패러다임을 전환하고자' 개정 교육 과정을 발표했습니다. 그러면서 '창의융합형 인재'를 '인문학적 상상력', '과학 기술 창조력'을 갖추고 '바른 인성'을 겸비하여 '새로운 지식을 창조'하고 '다양한 지식을 융합'하여 '새로운 가치를 창출'할 수 있는 사람으로 정의했습니다.

정부에서 교육의 목표로 제시한 '창의융합형 인재'란 어떤 사람일까요? 이를 어린이들이 이해하기 쉽게 알려 주는 책이 바로 〈닮고 싶은 창의융합 인재〉 시리즈입니다.

〈닮고 싶은 창의융합 인재〉 시리즈는 레오나르도 다빈치, 벤저민 프랭클린, 셰익스피어, 세종대왕, 토머스 제퍼슨, 정약용, 미켈란젤로, 괴테, 뉴턴, 아인슈타인 등 인류 역사에서 가장 창의융합적인 인물로 인정받은 10명의 인물의 삶을 보여 줍니다. 이들이 어떤 생각을 하고, 어떤 꿈을 가지고, 어떤 행동을 하며 살았기에 세상 사람들이 이들을 창의융합 인재로 평가했을까요? 이 시리즈에 그 답이 있습니다.

어린이들이 살아갈 세상은 현재가 아니라 미래입니다. 미래는 지식 창조의 시대로 자신만의 창의적이고 융합적인 콘텐츠를 가지고 있어야 힘을 가지고 앞서 나아갈 수 있습니다. 실제로 구글이나 페이스북과 같은 세계적인 기업에서는 학교 성적보다는 자신만의 콘텐츠를 가진 사람을 높이 평가합니다.

미래가 원하는 진짜 실력을 갖춘 창의융합 인재가 되기를 바란다면 이 책이 바로 그 시작입니다.

손영운

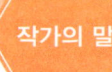
작가의 말

21세기 창의융합 인재 아인슈타인

'천재' 하면 떠오르는 것이 무엇인가요? 한번 들은 말은 절대로 잊어버리지 않고, 어려운 수학 문제도 쉽게 푸는 사람을 생각하겠지요. 아인슈타인은 그런 '천재'와는 거리가 멀었어요. 아인슈타인은 어떤 내용을 기억하고 암기하는 것을 잘하지 못했고 수학 문제를 푸는 데 그렇게 뛰어나지 못했어요. 그런데 어떻게 아인슈타인은 상대성 이론을 발견하여 250년 동안 믿고 있었던 뉴턴 법칙의 부족한 점을 알아냈고 우주가 움직이는 원리까지 설명할 수 있었을까요? 아인슈타인이 했던 말에서 그 답을 찾을 수 있어요. "나는 똑똑한 것이 아니라 단지 문제를 더 오래 연구할 뿐입니다."

아인슈타인이 26살의 젊은 나이로 특수 상대성 이론을 완성할 수 있었던 것은 이미 10년 전부터 특수 상대성 이론의 기초가 되는 빛에 대해 끊임없이 고민했기 때문입니다. 그 후 아인슈타인은 일반 상대성 이론을 완성하기까지 특수 상대성 이론의 부족한 점을 10년을 더 연구했어요. 한 문제를 해결하기 위해 오래 고민하면서 결국 그 답을 찾은 거예요.

한 분야에 10년을 꾸준히 노력하면 무조건 성공할 수 있을까요? 아인슈타인이 상대성 이론이라는 위대한 과학의 원리를 발견할 수 있었던 데에는 시간보다 중요한 것이 있었어요.

"질문을 멈추지 않는 것이 가장 중요합니다. 신성한 호기심을 잃어서는 결코 안 됩니다. 나에게는 특별한 재능이 없습니다. 단지 호기심이 굉장히 많을 뿐이지요. 아이디어를 이끌어 낸 것은 유전이나 자라온 환경이 아니라 호기심, 집념, 인내력입니다." 라고 말했습니다.

호기심, 상상력은 어떻게 키울 수 있을까요? 그것은 아인슈타인의 일생을 보면 알수 있어요. 아인슈타인은 어려서부터 다양한 분야에 관심이 많았어요. 아인슈타인은 삶의 근본적인 것을 탐구하는 학문인 철학에 관심이 아주 많았어요. 그래서 어려서 칸트가 쓴 〈순수이성비판〉을 열심히 읽었지요. 또한, 음악에도 관심이 많아 바이올린을 열심히 켰어요. 그 외 다양한 분야의 문제를 놓고 여러 사람과 토론하면서 인문학적 상상력을 키웠어요.

아인슈타인의 특수 상대성 이론을 이해하기 위한 수학 지식은 고등학생 정도면 알 수 있어요. 그런데 그 안에 숨어있는 시간과 공간에 대한 놀라운 상상과 해석 능력은 누구도 쉽게 생각하지 못한 것이었지요. 그 바탕에 아인슈타인의 융합적인 사고력이 숨어 있기 때문이에요.

미국의 유명한 잡지인 〈타임〉은 20세기가 끝나는 해인 1999년에, 지난 100년 동안 가장 영향력 있는 사람을 선정했어요. 열띤 토론 끝에 선정된 사람이 바로 아인슈타인이었어요. 미국의 유명한 대통령인 프랭클린 루스벨트와 인도의 지도자인 간디를 제치고 아인슈타인이 선정된 거예요. 그 이유는 크게 2가지예요. 첫 번째 이유는 아인슈타인이 정립한 상대성 이론이 TV와 같은 가전제품에서부터 우주여행, 핵폭탄, 반도체까지 20세기 많은 과학 기술의 바탕이 되었기 때문이에요. 두 번째 이유는 아인슈타인이 인류의 평화를 위해서 헌신한 사람이기 때문이에요.

아인슈타인이 살았던 시대는 1차, 2차 세계 대전이라는 인류 역사상 가장 비극적인 전쟁이 온 세상을 휩쓸고 지나간 시대였어요. 많은 사람이 죽음의 공포와 절망 가운데 있었지요. 아인슈타인은 과학 연구에만 몰두하지 않고 인류의 평화를 위해서 노력한 사람이었어요.

이 책을 읽고 아인슈타인처럼 융합적인 사고력과 상상력으로 끊임없이 노력하며 인류를 사랑하는 뜨거운 가슴을 가진 사람이 되기를 바랍니다.

심재규

차례

한국사 · 세계사와 함께 보는 아인슈타인의 일생 … 12
아인슈타인이 들려주는 창의융합 인재상 … 14

1 호기심을 키운 인문학적 상상력
호기심이 넘치는 아이

부모님의 걱정거리 … 20
책을 통해 새로운 세상을 만나다 … 27
고통스러운 학교생활 … 40
천국에서의 1년 … 54

2 경험을 통해 얻은 창의력
기적을 만든 청년

호기심이 상상으로, 상상이 질문으로 … 60
취리히 대학에서의 생활 … 65
계속되는 궁금증 … 70
졸업 후 어려운 생활 … 72
기적이 싹트다 … 82

3 인문학적 상상력으로 다양한 지식 융합
행복한 출발, 힘든 과정

누구도 하지 못한 생각 … 88
일반 상대성 이론 연구 … 96
대학교수가 되는 길 … 102
가르치며 연구하기 … 106

4 새로운 지식 창조로 과학의 혁명을
우주의 비밀을 밝히다

불행한 과학자 프로인틀리히	116
어려운 일반 상대성 이론	121
실패를 딛고 진리를 발견하다	127
뉴턴의 개념이 뒤집히다	136
진리를 사랑한 과학자	144

5 세상에 굴복하지 않는 과학자
전쟁 속에서 평화를 외치다

검소하고 소박한 과학자	150
슈퍼스타, 아인슈타인	154
전쟁에 반대하다	161
독일에서 미움받는 아인슈타인	168

6 평화주의자
인류를 사랑한 과학자

평화주의자에서 상대적인 평화주의자로	178
세상을 바꾼 편지	183
인류를 사랑한 과학자	195
숙제를 남기고 떠나다	198

내 곁에 아인슈타인!	204
아인슈타인이 남긴 말·말·말	206

한국사·세계사와 함께 보는 아인슈타인의 일생

1879년 독일의 울름에서 태어나다.
1884년 아버지로부터 나침반을 선물 받고 자연의 신비로움에 놀라다.
1894년 루이폴트 김나지움을 그만두다.
1895년 스위스 취리히 공과대학 입학시험에서 낙제하다.

1896년 취리히 공과대학에 입학하다.
1900년 대학 졸업 후 직장을 구하지 못해서 어려운 시기를 보내다.
1902년 스위스 특허청에서 일하면서 특수 상대성 이론을 계속 연구하다.

나침반으로 꿈을 키운 호기심 소년

특수 상대성 이론을 완성

1895년 아라우 주립학교에서 행복한 1년을 보내다. 이때부터 빛에 대해 스스로 질문하고 상상하며 특수 상대성 이론의 싹을 키우다.

1905년 특수 상대성 이론을 비롯하여 여러 편의 논문을 발표하다.
1906년 일반 상대성 이론에 대한 연구를 시작하다.
1909년 모교인 취리히 공과대학의 교수가 되다.

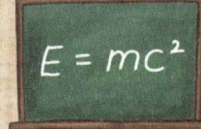

$E = mc^2$

한국에서는 1897년 대한제국을 수립하다.   1910년 대한제국이 일본에 합병되어 식민지가 되다.   1919년 3·1운동이 일어나다.

세계에서는 1914년 제1차 세계 대전이 발발하다.   1918년 제1차 세계 대전이 끝나다.   1929년 미국에서 대공황이 발생하다. (~1932년)

- **1909년** 노벨 물리학상 후보로 처음으로 추천되다.
- **1911년** 수학 교수이자 친구인 그로스만에게 일반 상대성 이론에 대해서 도움을 청하다.
- **1913년** 스위스 공과대학 교수직을 사임하고 베를린 대학의 연구소로 옮기다.

- **1919년** 에딩턴이 일식 관측 탐험대를 보내 아인슈타인의 일반 상대성 이론을 증명하다.
- **1920년** 아인슈타인의 어머니가 베를린에서 사망하다.

- **1933년** 히틀러가 정권을 잡은 후 미국으로 건너가다.
- **1940년** 미국 시민권을 획득하다. 별세할 때까지 미국과 스위스의 시민권을 유지하다.
- **1946년** 세계 정부 창설을 주장하고 '핵 과학자 비상위원회'를 구성하다.

일반 상대성 이론으로 수성 운동 설명

노벨 물리학상 수상

핵전쟁을 반대하는 평화주의자

- **1915년** 일반 상대성 이론에 대한 방정식을 과학자들 앞에서 발표하다.
- **1916년** 일반 상대성 이론으로 수성의 운동을 완벽히 설명한 후 논문으로 발표하다.

- **1921년** 노벨 물리학상의 수상자로 결정되다.
- **1921년** 강연을 위해 처음으로 미국을 방문하다.
- **1922년** 일본을 방문하고 동아시아 지역을 순회하다.

- **1952년** 이스라엘의 대통령직을 제안 받지만 거절하다.
- **1955년** 버트런드 러셀과 함께 핵무기 폐기를 촉구하는 공동 성명을 발표하다.
- **1955년** 76세로 세상을 떠나다.

1945년 일본의 패망과 함께 독립을 맞이하다.   **1950년** 한국 전쟁이 발발하다.

1939년 히틀러의 독일이 제2차 세계 대전을 일으키다.   **1945년** 미국에서 원자폭탄을 일본에 투하하여 제2차 세계 대전이 끝나다.

아인슈타인이 들려주는 창의융합 인재상

'역사상 가장 위대한 과학자', '20세기 최고의 천재'라 불리는 아인슈타인은 고정관념을 뒤엎는 놀라운 과학 이론을 발표하여 우리의 삶을 풍요롭게 만들었어요. 그는 당연하다고 생각되는 것에도 끊임없이 질문을 던졌으며 그 질문을 해결하기 위해 다양한 지식을 습득했지요. 그의 넘치는 호기심과 상상력, 다양한 지식은 세상을 변화시키는 힘으로 작용했답니다.

직각삼각형 $c^2 = a^2 + b^2$

호기심을 키운 인문학적 상상력

어린 시절, 나는 과학뿐만 아니라 철학에도 매우 관심이 많았어요. 철학 공부를 통해 나는 세상을 가장 근본적인 것에서부터 하나하나 따져 보는 습관을 기를 수 있었답니다. 그리고 '인문학적 상상력' 덕분에 나는 자연 현상에 대해 끊임없이 호기심을 품고 질문을 던질 수 있었지요. 이는 누구도 상상하지 못했던 과학 이론을 완성하는 토대가 되었답니다. 상상력은 지식보다 중요하답니다. 지식에는 한계가 있지만, 상상력에는 한계가 없기 때문이지요.

경험을 통해 얻은 창의력

나는 어린 시절 아버지의 전기 공장에 자주 놀러 갔어요. 덕분에 어릴 때부터 다양한 과학 기술을 접하면서 성장했지요. 이런 경험은 대학 졸업 후 특허청에서 일할 때에도 많은 도움이 됐어요. 특허 신청된 여러 과학 제품들에 특허를 줄지 말지 결정하기 위해서는 다양한 과학 기술을 알고 있어야 했기 때문이에요. 또 특허청에서는 유럽 각 지역 간의 열차 시간을 맞추는 것에 관한 특허가 많이 들어왔는데, 나는 이 경험을 통해 '시간과 공간'에 대해 깊이 생각하게 되었어요.

인류와 평화를 사랑한 천재

내가 살던 시기는 두 차례의 세계 대전이 발발했던 우울한 시대였어요. 많은 사람이 전쟁으로 고통을 받았지요. 사람들은 내가 새로운 우주의 법칙을 발견했다고 해서 나를 많이 믿고 따랐어요. 그들은 우주의 신비를 아는 사람이면 인간 세상의 이치와 원리도 잘 알 거라고 생각했던 것 같아요. 하지만 나는 사실 사람들이 살아가는 데 필요한 이치나 이해관계는 잘 알지 못해요. 이스라엘 대통령이 되어 달라는 것을 거부한 것도 그런 이유 때문이었지요. 그러나 분명한 건 서로에게 총구를 겨누는 전쟁은 절대로 안 된다는 거예요. 나는 연구를 하다가 틈이 날 때마다 평화를 위한 강연 및 위원회에 참석하여 사람들에게 내 생각을 전했어요. 인류의 평화보다 더 중요한 건 없으니까요.

새로운 지식을 창조하는 능력

저를 생각할 때 가장 먼저 떠오르는 단어는 아마 '상대성 이론'일 거예요. 하지만 나는 상대성 이론뿐만 아니라 다양한 이론을 연구했고 완성했어요. 그중 하나가 '광전효과'랍니다. 내가 1921년에 노벨상을 받은 것도 이 광전효과에 관한 연구 때문이었지요. 빛의 이중성을 밝혀낸 광전효과는 과학사에서 중요한 발견이었고, 이는 현대 물리학의 출발점이 되었어요. 그뿐만 아니라 내가 평생을 연구한 통일장 이론은 내가 죽은 후에도 많은 과학자가 그 필요성을 느끼며 지금까지 연구하고 있답니다.

다양한 지식을 융합하는 능력

나는 한때 수학은 과학 이론을 설명하기 위한 계산 도구에 지나지 않는다고 생각했어요. 하지만 일반 상대성 이론을 연구하면서 그 생각이 바뀌었어요. 공간이 휘어졌을 때 물체의 운동을 표현하려면 새로운 수학이 필요했기 때문이에요. 수학을 공부하지 않았더라면 나는 결코 일반 상대성 이론을 완성하지 못했을 거예요. 기존에 내가 가지고 있던 생각에 새로운 수학 이론을 융합하자 점차 우주의 신비가 드러나기 시작했답니다. 이후 나는 수학에 엄청난 경의를 표하게 되었어요.

예술의 가치를 아는 과학자

나는 어려서부터 음악을 좋아했어요. 아니 좋아했다는 표현만으로는 부족해요. 나는 음악을 정말 사랑했어요. 나는 연구가 가로막히거나 여러 가지 복잡한 생각이 밀려올 때면 바이올린을 들어 모차르트의 곡을 연주하곤 했답니다. 그럴 때마다 음악은 나에게 힘과 영감을 주었어요. 음악은 항상 내 옆에 있었지요. 음악은 나를 위로해 주는 좋은 친구이자 끊임없이 아이디어를 제공하는 동료와도 같았어요. 직관적으로 상대성 이론을 떠오르게 만든 것도 바로 음악 덕분이에요. 이렇듯 음악은 내 인생의 큰 기둥이었어요.

- 부모님의 걱정거리
- 책을 통해 새로운 세상을 만나다
- 고통스러운 학교생활
- 천국에서의 1년

호기심을 키운 인문학적 상상력
호기심이 넘치는 아이

1

사람들은 아인슈타인을 '20세기 최고의 천재'라고 불러요. 아인슈타인의 가장 큰 업적 중 하나인 상대성 이론은 우주의 기원과 탄생의 비밀을 밝히는 토대를 마련해 주었답니다. 하지만 이런 명성과는 달리, 어린 시절의 아인슈타인은 그렇게 주목받는 아이가 아니었답니다. 오히려 부모님의 큰 걱정거리였지요. 이런 그가 어떻게 역사상 가장 위대한 과학자가 될 수 있었을까요?

부모님의 걱정거리

1879년 3월 14일, 독일 남부 지방에 위치한 작은 시골 울름이라는 곳에서 한 아이가 태어났어요. 아이의 아버지인 헤르만 아인슈타인과 어머니 파울리네 코흐는 이 아이에게 '알베르트'라는 이름을 붙여 주었어요.

그들은 꼬물거리는 귀여운 아이를 볼 때마다 행복했지만, 한편으로는 조금 걱정되기도 했어요. 알베르트의 머리 모양이 남달랐기 때문이에요.

"여보, 알베르트의 머리 모양이 좀 이상한 것 같지 않아요?"

"글쎄……. 뒷머리가 너무 튀어나온 것 같기도 하고……."

"그리고 다른 아기들에 비해서 머리가 너무 커요. 뭐가 잘못된 건 아니겠죠?"

"그럴 리가. 별문제 없을 거예요. 이것 봐요. 알베르트가 이렇게 웃고 있잖아요?"

아인슈타인과 그의 동생 마야

아인슈타인이 어느 정도 성장하자 이번엔 또 다른 걱정거리가 생겼답니다. 보통 아기들은 두 살이 지나면 대부분 말을 하기 시작했지만, 아인슈타인은 세 살이 되어도 말을 거의 하지 않았어요. 집안일을 도와주는 가정부는 말을 하지 않는 아인슈타인을 보고 '멍청한 아이'라고 불렀어요. 친척들조차 아인슈타인을 이상하게 생각했어요. 부모님은 몹시 걱정돼 유명한 의사를 찾아가기도 했답니다. 하지만 그럴 때마다 돌아오는 대답은 늘 똑같았어요.

"음, 아마도 말은 차차 하게 될 겁니다. 지금으로써는 별문제는 없어 보입니다만, 조금 더 지켜보도록 하지요."

부모님의 걱정은 여기서 그치지 않았어요. 아인슈타인은 자신의 마음에 들지 않으면 화를 내기 일쑤였답니다. 한 번 화가 나면 자기 성질을 참지 못해 자신보다 두 살 어린 여동생 마야에게 물건을 던지곤 했어요. 여동생 마야는 그가 던진 물건에 머리를 맞은 적이 한두 번이 아니었어요.

그러나 아인슈타인의 부모님은 아인슈타인에게 실망하지 않았어요. 특히 어머니 파울리네는 아인슈타인을 독립심이 강한 아이로 올바르게 키우려고 노력했지요. 어느 날, 어머니는 아인슈타인을 복잡한 거리로 데리고 나왔어요.

"알베르트, 복잡한 거리에 나오니까 정신이 하나도 없지? 그래도 우리가 걸어왔던 길을 잘 기억해야 돼. 그래야 나중에 혼자서도 집에 찾아올 수 있단다. 언제나 엄마가 알베르트 곁에 있을 수는 없으니까."

아인슈타인의 어머니 파울리네 코흐

"알겠어요, 엄마."

한참 동안 복잡한 거리를 구경시켜준 뒤에 어머니가 아인슈타인에게 말했어요.

"알베르트, 준비됐니? 지금부터 너 혼자서 집으로 찾아갈 수 있겠어?"

어린 아인슈타인의 얼굴에는 걱정스러운 표정이 가득했지만, 용기를 내서 말했어요.

"걱정 마세요. 지난번에도 복잡한 거리에서 혼자서 집에 갔는걸요? 오늘도 잘 찾아갈 수 있을 거예요."

어머니는 아인슈타인을 거리에 혼자 남겨 두고 그 자리를 떠났어요. 아인슈타인은 어머니의 모습이 사라지자 불안해졌지만 곧 주변을 두리번거리며 왔던 길을 더듬어 집으로 향했어요. 어머니는 아인슈타인이 길을 잃어버릴까 봐 멀리서 그 모습을 지켜보며 몰래 뒤따라갔어요. 결국, 아인슈타인은 여기저기 길을 헤맨 끝에 집으로 갈 수 있었어요. 아인슈타인이 집에 도착한 지 얼마 되지 않아 어머니도 집으로 들어와 아인슈타인을 꼭

끌어안아 줬어요.

"지난번보다 복잡한 길이었는데 잘 찾아왔구나. 알베르트, 엄마는 너를 믿었단다."

어머니는 아인슈타인이 여섯 살이 되자 음악 가정교사를 두어 바이올린을 열심히 가르쳤답니다. 음악을 배우면 화를 잘 내는 아인슈타인의 마음이 차분해질 거라고 믿었기 때문이에요.

하지만 또다시 아인슈타인의 성격이 작은 문제를 일으켰어요. 방에서 바이올린 소리가 흘러나오는가 싶더니 갑자기 '우당탕'하는 소리가 들리는 게 아니겠어요? 어머니가 놀라서 방에 들어가 보니 무슨 일인지 바이올린 선생님 옆에 의자가 나동그라져 있었어요. 바이올린 연주를 하던 아인슈타인이 연습에 싫증이 나서 선생님에게 의자를 던진 거였어요. 마치 동생에게 화를 냈던 것처럼 말이에요.

"어떻게 의자를 던질 수 있죠? 알베르트 어머님, 저는 이 아이를 도저히 가르칠 수가 없어요."

바이올린 선생님이 떠나자 어머니는 아인슈타인을 앞혀 놓고 물었어요.

"알베르트, 엄마는 네가 바이올린을 좋아하는 줄 알았단다. 혹시 바이올린을 배우는 게 싫으니?"

"저도 바이올린 소리는 좋아해요. 하지만 이렇게 연습만 하는 건 너무

싫어요. 매일 똑같은 걸 반복해야 하는 게 얼마나 지겨운데요."

아인슈타인은 음악을 기계적으로 대하는 것이 싫었던 거예요.

"그래. 연습하는 것이 싫으면 어쩔 수 없구나. 바이올린을 배우지 않아도 돼. 하지만 네가 바이올린을 정말 좋아하는 날이 분명 올 거야."

어머니는 마음속으로 크게 실망을 했지만, 아인슈타인에게 별다른 내색을 하지는 않았어요. 오히려 아인슈타인을 더욱 믿으며 따뜻하게 격려해 주었지요.

말을 능숙하게 하지 못했던 아인슈타인은 친구들과도 잘 어울리지 못했어요. 온종일 혼자서 장난감을 가지고 놀거나 이런저런 생각에 빠져 있곤 했답니다.

어머니가 아인슈타인을 데리고 교외로 소풍을 갔을 때도 아인슈타인은 혼자 있었어요. 함께 간 어머니 친구들의 아이들은 여기저기 몰려다니면서 재미있게 놀았지만, 아인슈타인은 혼자 강가에 앉아 반짝이는 강물만 물끄러미 바라봤지요. 그러자 어머니의 친구들은 걱정스럽다는 듯 말했어요.

"알베르트는 왜 저렇게 멍하니 강물만 쳐다보고 있을까? 이런 말은 좀 그렇지만, 정신적으로 무슨 문제가 있을지도 몰라. 의사에게 한번 데리고 가 보는 게 좋을 것 같아."

하지만 어머니는 단호하게 말했어요.

"문제라니? 다시는 그런 말 하지 마. 너희가 잘 몰라서 그래. 우리 아들

은 지금 깊은 생각에 빠져 있는 거야. 알베르트는 분명히 커서 훌륭한 학자가 될 거야."

 어머니는 결코 아인슈타인을 닦달하거나 성급하게 결론 내리지 않고 아인슈타인을 믿고 지켜봤어요. 그리고 집에서 직접 악기를 연주하면서 아인슈타인에게 계속 음악을 들려주었답니다.

책을 통해 새로운 세상을 만나다

마침내 아인슈타인에게 작은 변화가 찾아왔어요. 어머니가 피아노 연주를 하고 있던 어느 날이었어요. 아인슈타인은 어머니에게 다가와 더듬거리며 천천히 말했어요.

"엄마, 이 곡의 제목이 뭐예요?"

"모차르트의 소나타란다. 왜 그러니?"

"모차르트, 소나타……? 이 곡의 악보를 보고 싶어요."

"악보를? 자, 여기 있다. 우리 알베르트가 이 곡이 마음에 들었나 보구나."

그날 이후 아인슈타인은 바이올린을 꺼내 모차르트의 음악을 스스로 연습하기 시작했어요. 어머니 역시 기쁜 마음으로 아인슈타인을 도와주었고, 마침내 아인슈타인은 모차르트의 곡을 제대로 연주하게 되었어요.

이후로도 아인슈타인은 슬픈 일이 있거나 즐거운 일이 있을 때면 바이올린을 연주했어요. 커서도 마찬가지였지요. 연구를 하면서 생각이 잘 떠오르지 않으면 바이올린을 연주했어요. 아인슈타인은 특히 모차르트의 음악을 무척 좋아했어요. 나중에 친구에게 이런 말을 한 적이 있을 정도였답니다.

"모차르트의 음악은 너무 순수하고 아름다워서 우주의 아름다움을 표현한 것처럼 보여."

아인슈타인의 아버지인 헤르만 아인슈타인 역시 아들의 교육을 위해 많

아버지 헤르만 아인슈타인

은 노력을 했어요. 아버지는 아인슈타인이 항상 주변의 사물을 자세히 관찰하면서 남달리 큰 호기심을 보이는 것을 눈여겨보았어요. 그리고 이런 아인슈타인의 성향을 계발하는 데 큰 도움을 주었지요.

아인슈타인이 다섯 살 때 열병에 걸려서 침대에 누워 있었을 때였어요. 아버지는 조용히 아들의 방문을 열고 들어왔어요. 그는 아인슈타인의 머리를 쓰다듬으며, 한 손에 감추고 있던 것을 아인슈타인에게 슬쩍 내밀었어요. 그건 바로 나침반이었답니다. 평소에 호기심이 많았던 아들을 위해 아버지가 특별히 준비한 선물이었지요.

"아빠, 이런 건 처음 봐요. 이게 대체 뭐예요?"

"나침반이라는 건데, 방향을 알려주는 기구란다."

아인슈타인은 납작한 통 안에서 빙글빙글 돌고 있는 바늘을 신기한 듯 바라보았어요. 열이 나서 줄곧 누워만 있던 아인슈타인은 몸을 일으켜 나침반을 이리저리 관찰하며 만져보았지요. 아인슈타인의 눈이 반짝하고 빛나기 시작했어요. 그리고 아버지에게 질문을 쏟아내기 시작했어요.

"나침반은 왜 빙글빙글 돌려도 바늘이 항상 같은 자리로 돌아와요?"

"나침반은 바늘이 항상 북쪽을 가리키도록 만들어졌기 때문이란다. 북쪽이 어느 쪽인지만 알면 어디서든 네가 어느 방향으로 가고 있는지 알 수 있단다."

"음, 그런데 나침반의 바늘은 왜 항상 북쪽을 가리켜요? 어떻게 나침반이 북쪽을 알아요?"

"나침반 바늘이 자석으로 만들어졌기 때문이지. 이건 좀 어려운 이야기인데, 지구도 하나의 커다란 자석이란다. 지구의 자기장 때문에 나침반은

항상 북쪽을 가리킬 수 있는 거지."

"와아, 정말요? 지구가 거대한 자석이라고요? 그런데 왜 다른 자석들은 지구로 끌려가지 않는 거죠?"

"하하. 글쎄다. 나도 거기까지는 잘 모르겠구나. 학교에 가면 더 자세히 알게 될 테니, 지금은 좀 쉬어라."

그날 밤, 아인슈타인은 나침반을 가지고 노느라 한숨도 잘 수가 없었어요. 그리고 이때까지만 해도 이 작고 평범한 나침반이 아인슈타인의 삶과 과학의 역사에 얼마나 큰 영향을 미칠지는 아무도 몰랐을 거예요.

훗날, 아인슈타인은 상대성 이론을 발견하고 세계적인 과학자가 되었을 때 이 나침반을 떠올렸어요.

"모든 게 그 나침반에서부터 시작되었어. 나는 모든 물체는 손으로 만져야만 움직이는 줄 알았지. 그런데 어느 날, 보이지 않는 힘에 의해서 나침반이 움직이는 것을 보고 정말 큰 충격과 흥분에 휩싸였어. 이 신비하고 놀라운 체험은 내가 평생토록 상대성 이론을 연구하게 된 계기가 되었지."

한편, 아버지의 직업도 아인슈타인의 호기심을 키우는 데 큰 역할을 했어요. 아버지는 뮌헨에서 삼촌인 야코프와 함께 전기 공장을 운영했어요. 주로 각 지역이나 공장에 전기를 생산할 수 있는 발전기를 만들어서 파는 일을 했지요.

아인슈타인은 종종 아버지의 전기 공장을 찾아갔어요. 전동기에 의해 움직이는 갖가지 장비들이 몹시 신기했기 때문이에요. 사람도 없이 저절로 움직이는 기계를 처음 봤을 때는 눈이 휘둥그레질 정도였답니다.

"전기만 흘렀을 뿐인데 기계가 저절로 움직이고 있어! 왜 그럴까?"

아인슈타인은 기계를 움직이는 전동기의 원리가 무척 궁금했어요. 또 전기를 만들어 내는 발전기의 원리도 궁금했어요.

아인슈타인은 발전기를 만드는 발명가였던 야코프 삼촌을 만날 때마다 질문하기 바빴어요. 야코프 삼촌은 조카의 질문에 친절하게 답을 하면서

왜 발전기가 필요했을까?

지금은 정부가 관리하는 아주 큰 발전소에서 전기를 만들어서 공장이나 가정으로 보내요. 그러나 아인슈타인이 살았던 19세기의 유럽에서는 전기를 만들어서 멀리 보낼 수 있는 기술이 없었어요. 따라서 각 지역이나 공장마다 직접 전기를 만들어야 했어요. 밤에 불을 밝히는 전구가 보급되면서 전기의 수요가 크게 늘어나자 발전기와 발전소 역시 더욱 많이 필요하게 되었답니다.

19세기 말의 발전소의 모습

현대의 발전소의 모습

과학적인 지식도 하나하나 알려주었어요.

"알베르트, 너는 항상 궁금한 것이 참 많구나."

"아빠와 삼촌의 공장에는 신기한 것들이 정말 많으니까요!"

"그럼 이 삼촌이 더 재미있는 걸 하나 알려 줄까?"

아인슈타인은 호기심이 가득한 눈으로 삼촌을 올려다봤어요.

"그게 뭔데요?"

"바로 수학이야. 수학은 사냥과도 비슷해. 사냥꾼이 숨어 있는 동물을 사냥하는 것처럼 수학은 숨어 있는 x, 그러니까 미지수를 찾아가는 과정과도 같단다. 수학 역시 사냥처럼 매우 재미있고 신나는 거란다."

삼촌은 아인슈타인에게 유클리드의 〈기하학 원론〉이라는 책을 빌려주었어요. 아인슈타인은 뭐든 명확하게 설명해 주는 수학이 너무나도 재미있었어요. 그때부터 아인슈타인은 여러 가지 수학책을 읽기 시작했어요.

어느 날, 아인슈타인은 미소 가득한 얼굴로 가쁜 숨을 몰아쉬며 삼촌을 찾아왔어요.

"알베르트, 무슨 일이니? 큰일이라도 생긴 거야?"

"삼촌, 지난번에 피타고라스 정리를 알려 주셨잖아요?"

"그랬지. 그런데 무슨 문제라도 있니? 아니면 이해가 안 되는 것이라도 있어?"

"그게 아니라, 제가 피타고라스 정리를 증명하는 새로운 방법을 알아냈어요! 삼촌도 설명을 들으면 아마 깜짝 놀랄걸요?"

AUB
$a^{-n}=\frac{1}{a^n}$
$\prod_{n=1}^{k} a_n$
$a_n \rightarrow a$
$\frac{dy}{dx}$
$\sin x$
π
$P_n \rightarrow P$
$\tan x$
$f(x) \rightarrow a$
$\cos x_1$
$\int_a^b f(x)\,dx$
$\left(\frac{a}{b}\right)^n=\frac{a^n}{b^n}$
$F(x)=P\{w/X(w)<x\}$
$\sum_{n=1}^{\infty} a_n$
$f^{(n)}(x)$ $\frac{dy}{dx}$
$\frac{d^n y}{dx^n}$
$\frac{\partial y}{\partial x}$
$(a^m)^n=a^{mn}$
$a^2-b^2=(a+b)(a-b)$
$(a^m)^n=a^{mn}$

아인슈타인은 의기양양한 표정으로 종이와 펜을 꺼내 삼촌에게 자신이 알아낸 새로운 피타고라스 증명 방법에 관해 설명하기 시작했어요. 사실 아인슈타인의 방법은 이미 다른 수학자들이 증명한 것이었지만, 다른 사람의 도움을 받지 않고 스스로 알아내는 건 쉽지 않은 일이었지요. 삼촌도 그 점을 크게 칭찬해 주었어요.

"와, 정말 대단한데, 알베르트? 이걸 직접 알아냈단 말이야?"

"네! 삼촌 말이 맞았어요. 수학은 정말 굉장해요!"

아인슈타인은 이때부터 수학의 이치와 진리를 발견하는 즐거움에 대해 알기 시작했어요.

아인슈타인은 독일에서 태어났지만, 독일인이 아니라 유대인이었어요. 당시 유대인은 가난한 사람을 일주일에 한 번 집으로 초대해 같이 식사를 하는 풍습이 있었어요. 아인슈타인이 열 살이 되었을 무렵, 아인슈타인의 집에는 21살의 의대생 막스 탈무트가 드나들었어요. 탈무트는 매주 목요일에 아인슈타인의 집에서 식사를 하면서 아인슈타인에게 과학, 수학, 철학 등에 대해서 이야기해 주었어요.

탈무트는 호기심 가득한 얼굴로 자신의 이야기를 듣는 아인슈타인이 귀엽고 기특했어요. 또한 그는 열 살짜리 꼬마의 천재성을 한눈에 알아보았어요. 그래서 아인슈타인에게 다양한 책을 권하며 새로운 세계를 경험하도록 도왔어요.

어느 날, 탈무트는 아인슈타인을 조용히 불렀어요.

"알베르트, 너한테 아주 귀한 책을 빌려줄게."

"무슨 책인데요?"

"〈일반인을 위한 자연 과학에 대한 책〉이야. 아론 베른슈타인이라는 사람이 쓴 건데 독일에서 이루어진 과학 실험들이 아주 자세하게 설명되어 있어. 아마 너라면 이 책을 매우 좋아할 거야."

탈무트는 진지한 표정으로 식탁 밑에 두었던 얇은 책 여러 권을 꺼내 보였어요.

"우와, 21권이나 되는 과학책이네요! 이런 건 처음 봐요. 고마워요, 형!"

아인슈타인은 마치 보물이라도 되는 것처럼 기쁨에 가득한 표정으로 이 책들을 받아 들었어요.

〈일반인을 위한 자연 과학에 대한 책〉은 제목 그대로 자연 과학과 그 이론에 관한 책이었어요. 이 책에는 전선을 흐르는 전기나 공간을 지나가는 빛과 빛의 속도에 대한 이야기가 가득 담겨 있었지요. 아인슈타인은 맹렬한 호기심으로 책에 빠져들었어요. 그리고 그 속에 담긴 내용을 마치 스펀지처럼 빨아들였답니다.

아인슈타인은 이 책들을 통해 새로운 세상을 만나게 되었어요. 그러면서 우주가 어떻게 움직이는지 등에 대한 궁금증을 품기 시작했어요. 아인슈타인이 마침내 과학이라는 경이로운 세계에 서서히 눈을 뜨기 시작한 거예요.

탈무트는 아인슈타인에게 수학에 대해서도 알려 주었어요. 삼촌의 소개로 이미 수학에 관한 책을 많이 읽었던 아인슈타인은 탈무트의 말을 충분히 이해할 수 있었어요. 탈무트가 수학 문제를 내면 아인슈타인은 일주일 동안 그 문제를 풀곤 했어요. 아인슈타인의 수학 실력은 날이 갈수록 늘었답니다.

"알베르트, 수학에 대해서는 이제 내가 너한테 알려줄 게 없는 것 같아. 이제 다른 학문도 배워 보는 건 어때?"

"좋아요! 탈무트 형이 알려 주는 거라면 분명 재미있을 거야!"

탈무트는 아인슈타인에게 〈순수이성비판〉이라는 책을 내밀었어요. 〈순수이성비판〉은 독일의 철학자 임마누엘 칸트가 1781년에 펴낸 것으로, 역사상 가장 위대한 철학책으로 손꼽히는 책이에요. 인간의 지적 능력을 의미하는 이성이 어떻게 작동하는지를 분석해 *형이상학, 도덕, 종교적 질문에 대한 답이 담긴 이 책은 대학생들도 이해하기 힘들 만큼 어려운 책이에요. 하지만 탈무트는 아인슈타인이라면 분명히 이 책에 흥미를 느낄 거라고 확신했답니다.

"알베르트, 이 책은 지금까지 읽은 책들과는 좀 다를 거야. 삶의 아주 근본적인 질문에 답을 찾는 철학에 관한 내용이거든. 조금 어렵더라도 한 번쯤 읽어 두면 나중에 큰 도움이 될 거야."

"고마워요. 읽어 보고 다음 주에 형이 오면 말해 줄게요."

아인슈타인은 이번에도 탈무트의 책을 망설임 없이 받았어요. 하지만 탈무트는 아인슈타인이 이 책을 단번에 이해할 수 있을 거라고는 생

칸트의 〈순수이성비판〉 표지

***형이상학** 사물의 본질, 존재의 근본 원리를 탐구하는 학문.

각하지 않았답니다.

'너무 어려운 책을 빌려준 건 아닌지 모르겠네. 어쩌면 학문에 대한 흥미를 잃을 수도 있는데 말이야. 일단 빌려주기로 했으니 다음 주에 아인슈타인에게 잘 설명해 줘야지.'

일주일이 지났어요. 탈무트는 아인슈타인에게 조심스럽게 물어봤어요.

"알베르트, 이번 책은 어땠어?"

"칸트는 정말 대단한 사람인 것 같아요! 어떻게 이런 생각을 할 수 있었을까요? 철학에 대해 좀 더 공부하고 싶어요."

물론 아인슈타인이 당시에 〈순수이성비판〉을 완전히 이해한 건 아니었지만, 그는 이후부터 인문 철학 관련 책을 여러 권 읽으며 인문학적 사고방식과 더불어 남다른 창의성까지 기를 수 있었어요. 그리고 이것은 나중에 상대성 이론을 발견하는 데에 중요한 밑거름이 되었어요.

고통스러운 학교생활

당시 독일은 프랑스와의 전쟁에서 승리한 뒤 산업이 크게 발전해 군대가 인기가 많던 시기였어요. 많은 학생들은 장차 커서 나라를 지키는 군인이 되고 싶어 했지요. 하지만 아인슈타인은 달랐어요.

어느 날, 아인슈타인이 집에 있을 때였어요. 창밖에서 이상한 소리가 들려 왔어요.

"아빠, 이게 대체 무슨 소리예요?"

아인슈타인은 창가로 달려가 창밖으로 고개를 빼꼼 내밀었어요.

"군인들이 행진하는 소리란다. 알베르트, 너도 커서 저렇게 멋지고 훌륭한 군인이 되고 싶지 않니?"

창밖으로 같은 군복을 입고 행진하는 군인들을 보면서 아인슈타인은 겁에 질려서 말했어요.

"무시무시한 인형들이 아무런 생각 없이 어디론가 끌려가는 것 같아요. 저는 절대로 군인 같은 건 되지 않을 거예요!"

아버지는 아인슈타인을 바라보며 여러 가지 생각을 했어요.

'알베르트가 독일인이 되려면 군인이 되는 수밖에 없는데……. 군인을

저렇게 싫어하니 정말 큰일이군.'

아버지는 아인슈타인이 학교에 가면 친구들로부터 유대인이라고 따돌림을 받을까 걱정했어요. 당시 유대인은 나라가 없이 유럽 전역에 흩어져 살고 있었어요. 유대인들은 교육을 제대로 받을 기회조차 얻기 어려웠지요. 아인슈타인의 아버지도 젊었을 때 유대인이라는 이유로 대학에 들어갈 수 없었답니다. 아버지는 대학에 들어가지 못한 일을 평생 안타까워했어요.

다행히 아인슈타인이 태어나기 10년 전인 1869년부터는 유대인도 독일인과 평등하게 교육을 받을 수 있게 되었어요. 아버지는 아인슈타인이 평범한 독일인처럼 살기를 원했어요. 그래서 아인슈타인을 유대인들이 다니는 초등학교에 보내지 않고 독일인들이 다니는 초등학교에 보낼 계획이었어요.

'그래도 알베르트는 수학과 과학책을 많이 읽었으니 학교에 가면 공부도 잘할 테고, 학교생활도 금방 적응할 수 있을 거야. 지내다 보면 생각이 바뀔지도 모르지.'

아버지는 아인슈타인이 즐겁게 학교에 다니는 상상을 하면서 미소를 지었어요. 하지만 그 미소는 오래가지 못했어요.

아인슈타인은 학교에서 매우 힘든 시간을 보내야만 했어요. 초등학교에서 유대인은 아인슈타인 혼자였거든요. 법으로는 유대인과 독일인을 평등하게 대우한다고 했지만, 같은 반 친구들은 여전히 유대인인 아인슈타인을 좋아하지 않았답니다.

어느 날이었어요. 종교 수업 시간에 선생님은 큰 못을 들고 와서, "유대인은 하나님의 아들인 예수님을 돈을 받고 팔았고 이런 큰 못으로 박아 죽였어요."라고 말했어요. 선생님은 그저 있는 사실을 말했을 뿐이고, 아인슈타인도 그 이야기를 별생각 없이 받아들였어요. 문제는 수업이 끝난 다음에 생겼어요. 집으로 가는 길에 뒤에서 같은 반 학생들이 아인슈타인을 따라오면서 크게 소리쳤지요.

"야, 유대인 주제에 어떻게 우리와 같은 학교에 다녀!"

"유대인이 다니는 학교는 따로 있다는 거 몰라? 어서 돌아가!"

"알베르트, 너도 아까 수업 시간에 들었지? 유대인들은 돈이면 사족을 못 써서 예수님까지 팔아넘겼다며?"

아인슈타인의 머릿속에는 '아주 옛날에 유대인 중 몇 명이 예수님을 죽였다고 해서, 모든 유대인을 나쁘게 생각하는 것은 잘못된 거야.'라는 말이 계속 맴돌았어요. 입술이 달싹거렸지만 끝내 이 말을 하지는 못했어요. 아이들의 조롱에 아인슈타인은 마음의 상처를 크게 입었어요. 그는 오랫동안 이 일을 잊지 못했답니다.

한편, 아인슈타인의 수학과 과학 성적은 매우 우수했어요. 그러나 암기해야 하는 지리, 역사 과목은 성적이 나빴지요. 그는 판에 박힌 학습과 교육 방식을 싫어했어요. 수학과 과학을 제외한 다른 수업 시간이 되면 늘 다른 생각에 빠져 있었답니다.

"알베르트! 방금 선생님이 무슨 말을 했지?"

"저, 그게……."

"또 딴생각을 하고 있었구나. 대체 뭐가 문제니? 학교에 다니는 것이 그렇게 싫으니?"

멍하게 앉아 있는 아인슈타인을 선생님들이 좋게 볼 리가 없었어요. 그의 성적표에는 다음과 같은 문구가 적혀 있었어요.

'이 학생은 장차 어떤 일을 해도 성공할 수 없을 것으로 판단됨.'

하지만 아인슈타인의 어머니는 여전히 아인슈타인을 믿었고 의기소침한 그에게 격려를 아끼지 않았어요.

"알베르트, 너는 남들과 다른 특별한 능력을 가졌단다. 남들과 똑같아서야 어떻게 성공할 수 있겠니? 너는 네가 마음만 먹으면 무슨 일이든 할 수 있어."

루이폴트 김나지움의 아인슈타인(맨 앞줄 오른쪽에서 두 번째). 학생들이 군복과 비슷한 옷을 입고 있다.

어머니의 격려에 힘을 얻은 아인슈타인은 실망하지 않고 계속 학교에 다녔어요. 초등학교 3년 과정을 마친 아인슈타인은 1886년 아홉 살의 나이에 뮌헨의 루이폴트 김나지움에 입학했어요. 김나지움은 독일의 중학교와 고등학교를 합친 과정으로, 9년 동안 다녀야 하는 학교였지요. 김나지움을 졸업해야 대학교에 들어갈 수 있는 자격이 주어졌어요.

하지만 힘든 초등학교 생활에서 벗어났다는 기쁨도 잠시, 아인슈타인은 그곳에서 더 힘든 시간을 보내야만 했어요. 학교의 분위기는 아인슈타인이 기대했던 것과는 전혀 달랐어요. 학교는 딱딱하고 엄격한 분위기였고, 수업은 자유로운 토론보다는 암기만을 강요하는 방식이었지요. 게다가 김나지움에 다니는 모든 학생은 군인과 비슷한 교복을 입어야만 했어요. 금

요일과 주말에는 학생들이 군인들처럼 줄지어서 걷는 행군도 했어요. 호기심이 많고 자유롭게 생각하기를 좋아했던 아인슈타인은 군대와 다름없는 학교생활이 너무나도 힘들고 괴로웠어요.

엎친 데 덮친 격으로 아인슈타인이 14살 무렵, 아버지의 전기 공장이 문을 닫게 됐어요. 아인슈타인의 아버지가 처음 뮌헨으로 와서 사업을 시작할 때는 공장 운영이 꽤 잘 되었답니다. 뮌헨의 일부 도로에 전등을 설치하기도 했고 일하는 사람이 200명이나 될 정도였지요. 사람들은 이 공장을 아인슈타인 회사라고 불렀어요. 하지만 도시 전체의 설비를 맡는 일을 따내기 위해 많은 돈을 투자한 것이 실수였어요. 독일 에디슨 컴퍼니 등 수천 명의 직원을 거느린 큰 전기 회사와 경쟁을 하다가 실패하고 말았거든요. 그리고 뮌헨 시장은 유대인이 운영하는 회사에 이러한 중요한 일을 맡기는 것을 꺼렸어요.

그때 함께 일했던 이탈리아 기술자인 로렌조는 아인슈타인의 아버지에게 이탈리아로 가서 작은 회사를 차려도 성공할 수 있을 거라고 조언했어요. 당시 이탈리아는 독일보다 산업이 발전하지 않았기 때문에 야코프 삼촌이 발명한 발전기만으로도 충분할 거라고 생각했거든요.

아인슈타인의 부모님은 결정을 하지 못하고 머뭇거렸어요. 아인슈타인이 루이폴트 김나지움을 졸업하려면 아직 3년이나 남았기 때문이에요. 하지만 다른 방법이 없었어요. 고민 끝에 아버지는 아인슈타인에게 조심스럽게 말을 꺼냈어요.

"알베르트, 너도 알다시피 이곳에서 더는 공장을 운영할 수 없게 되었단다. 이탈리아로 가면 어떻게든 다시 공장을 운영할 수 있을 텐데, 네가 마음에 걸리는구나."
"저는 괜찮아요, 아버지. 학교생활이 힘들긴 하지만 충분히 견딜 수 있을 거예요. 김나지움에서 이미 6년이나 보냈는걸요? 너무 걱정하지 마세요."
어머니는 마음이 아팠지만 크게 내색하지 않았어요. 아인슈타인의 마음이 가장 아프다는 걸 알고 있었기 때문이에요.

"알베르트는 독립심이 강하니까 잘 견딜 수 있을 거예요. 그렇지?"

결국 아인슈타인의 부모님과 여동생 마야, 야코프 삼촌은 뮌헨의 집을 팔고 이탈리아 밀라노로 이사했어요. 아인슈타인은 14살의 어린 나이에 뮌헨의 친척 집에 혼자 남겨졌어요. 아인슈타인은 이제부터 캄캄한 밤과 같이 외로운 시간을 보내야만 했어요. 이런 아인슈타인에게 유일한 위안거리는 책과 바이올린이었어요. 책을 읽고 바이올린을 켤 때면 혼자라는 사실을 잠시 잊을 수 있었거든요.

그렇게 힘든 시간을 보내던 아인슈타인에게 어느 날 큰 문제가 생겼어요. 가뜩이나 학교에 적응하지 못했던 아인슈타인이 부모님과 떨어져 살면서 학교생활에 더욱 소홀했던 것이 문제가 된 거예요. 지도 선생님이 굳은 표정으로 아인슈타인을 불렀어요.

"아인슈타인 군, 따라오게나."

선생님과 아인슈타인은 긴 복도를 지나 빈 강의실로 들어갔어요. 선생님은 잠시 숨을 고른 후 말했어요.

"아인슈타인 군, 선생님들이 여러 차례 자네에 대해서 회의를 했네."

"무슨 말씀인지요?"

"자네는 학교생활에 여전히 적응하지 못하고 있어. 벌써 7년 가까이 지났는데도 말이지. 이 점에 대해서는 자네도 할 말이 없을 걸세."

"저도 열심히 다니려고 노력하고 있습니다. 다만 저는 이 학교의 수업 방식이 이해되질 않습……"

 "그만! 바로 그 점이 문제야. 자네는 그동안 우리 학교의 교육 방식에 늘 불만을 표시해 왔지. 선생님들에게 존경심은커녕 무례하게 굴었던 적도 한두 번이 아니야. 우리는 자네가 이 학교에 어울리지 않는 학생이라는 결론을 내렸어. 이쯤에서 학교를 나가 줬으면 하네. 정확히 말하자면, 자네는 퇴학이야."

 아인슈타인은 퇴학이라는 말에 깜짝 놀라 말했어요.

 "하지만 선생님, 저는 퇴학을 당할 만큼 큰 잘못을 하지 않았어요!"

"자네는 수업에 전혀 집중하지 않았네. 특히 암기 과목의 숙제는 잘 해 오지도 않았지. 게다가 다른 학생들의 수업을 방해했어."

"선생님의 말씀을 받아들일 수 없어요. 수업 시간에 집중하지 않고 숙제를 하지 않는 것이 그렇게 큰 잘못인가요? 그리고 저는 다른 학생들의 수업을 방해한 적이 결코 없어요!"

"자네가 우리 반에 있다는 사실만으로도 다른 학생들에게 나쁜 영향을 주고 있다는 걸 모르겠나? 자네 때문에 수업 분위기가 엉망이야. 선생님들에 대한 학생들의 존경심이 사라진단 말일세! 이 얘기는 그만하도록 하지. 이 정도면 충분히 알아들었으리라 생각하네."

선생님이 이렇게까지 말하자 아인슈타인은 할 말을 잃었어요. 그리고 깊은 실망감에 빠진 채 강의실을 나올 수밖에 없었지요.

'아, 내가 퇴학을 당하다니.'

실망감과 당혹감에 빠져 며칠을 보낸 끝에 아인슈타인은 마음을 다잡으려 이렇게 생각하기도 했어요.

'어쩌면 잘된 일일 수도 있어. 독일인으로 김나지움을 졸업하면 반드시 군대에 가야 하니까. 내가 군인이 되어 다른 사람에게 총칼을 겨눈다는 것은 생각만 해도 끔찍해.'

그러면서도 아인슈타인은 부모님이 마음에 걸렸어요. 당시에는 전화기가 널리 보급되지 않았기 때문에 김나지움에서 쫓겨난 사실을 알리는 가장 빠른 방법은 아인슈타인이 직접 가족들이 있는 이탈리아로 가는 것이었어요. 아인슈타인은 밀라노행 기차에 몸을 실었어요. 독일 뮌헨에 있어야 할 아인슈타인이 밀라노 집의 현관문을 열고 들어서자 아버지와 어머니는 깜짝 놀라 말했어요.

"알베르트! 이게 어떻게 된 일이냐? 학교는 어떻게 하고 여기에 왔어?"

아인슈타인은 그동안 있었던 일을 부모님께 말씀드렸어요.

"노력은 했지만 도저히 견딜 수가 없었어요. 자유롭게 생각하고 토론하는 수업은 전혀 없고, 무조건 암기하고 연습하는 것뿐이었어요. 아무런 의미가 없는 것을 반복해서 연습하는 것을 보면 꼭 군대에 있는 것만 같았어요. 죄송해요. 저도 어쩔 수 없었어요."

아인슈타인의 아버지는 마음속으로 무척 실망했어요. 공부도 공부지만 아버지는 아인슈타인이 김나지움을 졸업하고 독일인으로서 차별받지 않고 잘 살기를 바랐던 마음이 더욱 컸거든요. 하지만 아인슈타인은 아버지와는 정반대의 생각을 하고 있었어요. 그는 아버지의 표정을 살피다 용기를 내어 마음속에 품고 있었던 말을 꺼냈어요.

"아버지가 어떤 생각을 하고 계시는지 저도 잘 알아요. 하지만 저는 독일 시민권을 포기하고 싶어요. 제가 독일 시민권을 가진 상태에서 학교를 졸업하면 군인이 되어야 하거든요."

"알베르트, 군인이 되는 것이 뭐가 어때서 그러니? 다들 군인이 되는 것을 자랑스러워하는 시대야."

"저는 그렇게 생각하지 않아요. 지금 독일은 군사력을 키워서 전쟁을 일으키려고 하고 있어요. 만일 제가 군인이 되면 전쟁터에 끌려 나갈 거예요. 제가 누군가를 향해 총칼을 겨눈다는 건 상상도 할 수 없어요!"

아인슈타인이 어려서부터 유독 군인을 싫어했던 걸 잘 알고 있었던 아버지는 결국 아인슈타인의 뜻대로 독일 시민권을 포기하는 것을 허락했어요. 고통스러웠던 김나지움에서의 생활은 이렇게 끝이 났어요.

1895년, 16살의 아인슈타인은 이탈리아의 남쪽 도시 밀라노에서 봄을 맞이했어요. 더불어 아인슈타인의 마음에도 봄이 찾아왔지요. 아인슈타인은 오랜만에 자유로운 생활을 마음껏 즐겼어요. 이탈리아의 여러 가지 음식을 맛보기도 하고 바이올린을 마음껏 연주하기도 했지요. 밀라노 여러 골목을 다니며 산책도 했어요. 만나는 사람마다 이야기를 나누었고 친구가 되었어요. 자유로운 생활을 만끽하면서 아인슈타인의 반항적인 성격도 많이 변하게 되었답니다.

아인슈타인은 시간이 날 때마다 전기 공장에서 아버지와 삼촌의 일을 도왔어요. 아버지와 삼촌이 어려워했던 발전기 설계 문제를 거뜬하게 해결하기도 했어요. 그동안 궁금해 하던 것을 꾸준히 혼자서 공부를 해 왔기 때문에 가능한 일이었어요.

하지만 6개월이 지나자 아버지는 불안해지기 시작했어요.

"알베르트, 대체 언제까지 이런 생활을 할 셈이냐? 처음 여기 왔을 때 대학에 가고 싶다는 생각에는 변함이 없다고 말하지 않았니?"

"안 그래도 가을이 되면 대학 입학시험을 볼 생각이었어요. 스위스에 있는 취리히 공과대학은 김나지움을 졸업하지 않고도 시험을 볼 수 있대요. 너무 걱정하지 마세요."

하지만 취리히 공과대학은 아인슈타인의 입학을 난처하게 여겼어요. 18살이 되어야 대학에 들어갈 수 있는데 아인슈타인은 2살이나 어렸기 때문이에요. 다행히 아인슈타인은 퇴학을 당하기 전에 김나지움의 수학 선생님에게 수학적 지식이 대학 공부를 하기에 충분하다는 추천서를 받아 두었어요. 이 추천서 덕분에 아인슈타인은 나이가 어렸음에도 불구하고 취리히 공과대학 입학시험을 치를 수 있었어요. 아인슈타인은 예상대로 수학과 물리학에서 최고 점수를 받았어요. 그러나 다른 과목에서는 낙제점을 받았어요. 식물학과 프랑스 어처럼 외우는 것이 많은 과목은 전혀 공부하지 않았기 때문이에요.

김나지움에서 쫓겨나고 대학 입학시험도 떨어진 아인슈타인은 매우 실망했어요. 부모님도 마찬가지였죠. 그런데 취리히 공과대학의 물리학과 교수들은 아인슈타인의 수학과 물리학 점수가 매우 인상 깊었던 모양이에요. 아인슈타인을 위해 스위스 아라우 주립학교를 소개해 주었거든요. 취리히 공과대학의 베버 교수가 아인슈타인을 가만히 불렀어요.

"자네는 매우 뛰어난 실력을 갖추고 있네. 아라우 주립학교에서 1년 정도 부족한 과목을 공부하고 나면 분명히 우리 대학에 입학할 수 있을 걸세. 나중에 시간이 되면 꼭 나를 찾아오게. 내 강의를 듣게 해 주겠네."

"감사합니다, 베버 교수님!"

아인슈타인은 취리히 공과대학에 입학하면 반드시 베버 교수의 강의를 듣겠다고 다짐했어요. 물론 김나지움과 비슷한 아라우 주립학교를 다시 다녀야 한다는 말에 마음이 무거웠지만, 대학을 들어가기 위해서는 어쩔 수 없는 일이었어요.

그러나 다행히도 아라우 주립학교에서의 생활은 아인슈타인이 걱정했던 것과는 전혀 달랐답니다. 훗날 아인슈타인은 아라우 주립학교에서 보낸 1년을 '천국에서의 1년'이라고 표현했어요.

천국에서의 1년

스위스의 아라우 주립학교는 독일의 루이폴트 김나지움과 분위기가 완전히 달랐어요. 아라우 학교 선생님들은 학생들에게 일방적으로 암기를 강요하지 않았고 함께 토론 수업을 했어요.

아인슈타인은 체험 수업을 중요하게 여겼던 프리드리히 뮐베르크 선생님을 가장 존경했어요. 좀처럼 마음의 문을 열지 못했던 아인슈타인도 뮐베르크 선생님을 만나면서부터 점점 달라지기 시작했지요.

날씨가 좋은 날이면 뮐베르크 선생님은 학생들을 데리고 밖으로 나가서 산길을 걸으며 수업을 했어요. 이날도 뮐베르크 선생님은 학생들을 데리고 야외로 나갔어요. 그리고 길옆에 있던 지층을 가리키며 학생들에게 물었어요.

"이 지층은 어떻게 만들어졌을까? 아래에서부터 위로 형성되었을까, 아니면 위에서부터 아래로 형성되었을까?"

그때 아인슈타인이 조금은 반항적인 말투로 이렇게 대답했어요.

"글쎄요. 어느 쪽이든 제 눈에는 똑같이 보이는걸요?"

"허허허. 그래, 어쩌면 자네 말이 맞을지도 모르지."

김나지움에서 이렇게 대답을 했다면 아마 아인슈타인은 회초리를 맞았을 거예요. 하지만 뮐베르크 선생님은 달랐어요. 그는 학생들에게 늘 '보고, 생각하고, 말하라.'고 강조했답니다. 그리고 이 말처럼 뮐베르크 선생님은 아인슈타인의 생각과 말을 인정해 줬어요.

아라우에서는 하숙 생활조차 행복했어요. 그는 학교에서 역사와 철학을 가르치는 빈텔러 선생님의 집에서 하숙을 했어요. 그곳에는 아인슈타인과 비슷한 처지의 학생들이 여럿 있었어요. 아인슈타인과 학생들은 박학다식한 빈텔러 선생님을 매우 좋아했어요. 특히 아인슈타인은 빈텔러 선생님을 '아빠 빈텔러', 빈텔러 선생님의 아내를 '엄마 빈텔러'라고 부를 정도로 친근하게 지냈어요. 아인슈타인은 다른 친구들과 함께 독서 토론, 음악 파티 등을 하며 많은 것을 배우고 즐겼어요.

아인슈타인은 독일에서와는 달리 머릿속에 떠오른 이런저런 생각들을 주변 사람들에게 마음껏 털어놓고 이야기할 수 있었어요. 또 사람들 앞에서 바이올린을 곧잘 연주하곤 했지요. 모차르트나 바흐의 곡을 연주하는 아인슈타인의 얼굴에는 즐거움이 가득 묻어났어요. 지금까지 아인슈타인은 슬픔과 외로움에 지친 자신을 위로하기 위해서 바이올린을 연주했지만, 이제는 그럴 필요가 없었어요.

이 무렵 아인슈타인은 자신의 진로를 어느 정도 결정했답니다. 수학과 물리학을 계속해서 공부하기로 한 거예요. 아인슈타인이 아라우 주립학교를 떠나기 전에 앞으로의 진로에 관해서 쓴 글을 보면 그가 어떤 생각을 하고 있었는지 잘 알 수 있어요.

> 저는 대학에 가면 수학과 물리학을 공부할 생각입니다.
> 그리고 고등학교에서 과학 이론을 가르치는 교사가
> 될 것입니다. 왜냐하면 저는 수학적인 사고는
> 잘하는 반면 상상력은 부족한 편이기 때문입니다.

장래 희망이 고등학교 과학 교사라는 것을 보면 아라우에서의 학교생활이 아인슈타인에게 얼마나 좋은 영향을 주었는지 짐작할 수 있어요. 한 가지 재미있는 건 아인슈타인이 스스로 상상력이 부족하다고 생각했다는 거예요. 이때까지만 해도 그는 자신의 상상력이 얼마나 뛰어난지 잘 몰랐던 것 같아요.

하지만 아인슈타인이 인류의 과학사에 한 획을 긋는 매우 중요한 상상을 하기 시작한 것은 바로 이때부터였어요. 그를 20세기 최고의 과학자로 이끈 그 상상이란 대체 무엇이었을까요?

- 호기심이 상상으로, 상상이 질문으로
- 취리히 대학에서의 생활
- 계속되는 궁금증
- 졸업 후 어려운 생활
- 기적이 싹트다

경험을 통해 얻은 창의력

기적을 만든 청년 2

지난 2005년은 '세계 물리의 해'였어요. 물리는 자연의 원리를 알고자 하는 과학의 한 분야예요. 그렇다면 왜 2005년이 세계 물리의 해가 되었을까요? 그건 바로 그로부터 꼭 100년 전인 1905년이 아인슈타인이 상대성 이론을 발표한 해였기 때문이에요. 놀라운 것은 그 당시 아인슈타인의 나이가 불과 26살이었다는 거예요. 아인슈타인은 어떻게 해서 그 젊은 나이에 세계를 뒤흔든 놀라운 과학 이론을 발표할 수 있었을까요?

호기심이 상상으로, 상상이 질문으로

아라우 주립학교에 다니던 시절, 아인슈타인은 빛에 대해 이런저런 상상을 하길 좋아했어요. 아인슈타인은 몇 년 전 베른슈타인의 〈일반인을 위한 자연 과학에 대한 책〉을 읽은 적이 있었어요. 이 책에는 '내가 만일 전선을 타고 간다면 어떤 일이 생길까?'라는 글이 있었는데, 아인슈타인은 이 글을 꽤 인상 깊게 읽었어요. 그래서 그 내용을 발전시켜서 이런 재미있는 상상을 하기도 했어요.

 '전선을 타고 가는 것보다 더 멋지고 근사한 상상은 없을까?
자, 일단 내가 하늘을 높이 날아오르는 상상을 해 보자.
드디어 우주 공간이 나타났어.
앗, 저기 빛이 보인다.
빛이 엄청나게 빠른 속도로 내 앞을 지나가고 있어!
좋아. 빛을 한번 따라가 볼까?
내가 만일 빛과 같은 속도로 날아간다면 어떤 일이 생길까?'

어린 시절 호기심은 상상으로 발전했고, 상상은 다시 질문으로 이어졌어요. 그리고 그 질문은 더욱 발전해 또 다른 질문으로 꼬리에 꼬리를 물고 이어졌어요.

'나는 지금 빛의 속도로 하늘을 날고 있어.
그 순간에 이 세상은 어떻게 보일까?
음. 조금 더 간단하게 생각해 보자.
빛의 속도로 날아갈 때 내 손에 작은 손거울이 있다고 상상해 보자.
거울에 내 얼굴이 보일까? 아니면 보이지 않을까?'

아인슈타인은 세상이 온통 빛으로 가득 차 있으므로 빛에 대해 알면 이 세상, 더 나아가 우주에 대해서 많은 것을 알 수 있을 것으로 생각했어요. 하지만 아라우 주립학교에서 배운 내용만으로는 이 질문에 답을 얻을 수 없었어요. 그래서 이 질문들을 대학에 들어가서 계속 연구를 해야겠다고 다짐했어요.

행복했던 아라우에서의 생활이 눈 깜짝할 사이에 지나갔어요. 아인슈타인은 1년 동안 자신이 좋아했던 과목뿐만 아니라 부족한 과목들도 열심히 공부했어요. 그는 산수, 대수, 기하 등의 수학 과목과 물리에서 최고점을 받았어요. 그리고 역사, 이탈리아어, 음악 등 대부분 과목에서도 우수한 점수를 받았지요.

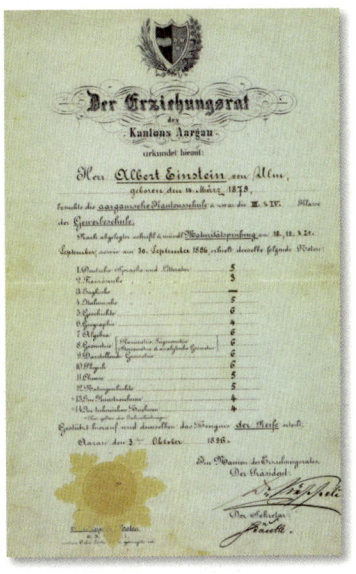

아인슈타인의 마지막 학기 성적표

마침내 취리히 공과대학 입학시험을 봐야 하는 시간이 다가왔어요. 아인슈타인의 1년간의 노력은 헛되지 않았어요. 그는 시험에 당당히 합격했고, 취리히 공과대학의 물리학 교수들도 아인슈타인의 입학을 축하해 주었어요. 아인슈타인은 빛에 대해서 궁금한 것을 마음껏 공부하고 토론할 수 있다는 사실에 매우 기뻤어요.

페스탈로치가 세운 아라우 주립학교

아라우 주립학교는 근대 교육의 아버지라고 불리는 요한 페스탈로치가 세운 학교랍니다. 페스탈로치는 청소년 교육에 일생을 바친 위대한 교육자였어요. 그는 교육은 인간 내부에서 스스로 발전하는 것이라고 생각을 했으며, 교사는 아동 발달 단계에 맞는 교육을 해야 한다고 주장했어요.

지금은 상상도 할 수 없지만, 페스탈로치 이전에는 아이를 '작은 어른'이라고 생각을 하고 어른과 똑같이 대하고 가르쳤어요. 하지만 페스탈로치는 아이와 어른은 분명히 다르며 어린이에게는 그에 맞는 교육을 해야 한다고 믿었답니다. 페스탈로치의 이런 정신을 이어받아 세운 아라우 주립학교에서 아인슈타인은 자기 생각을 마음껏 펼칠 수가 있었답니다.

페스탈로치

아라우 주립학교의 모습

취리히 대학에서의 생활

드디어 취리히 공과대학에 입학한 아인슈타인은 한껏 부푼 마음으로 대학 생활을 시작했답니다. 아라우 주립학교와 마찬가지로 취리히 공과대학의 분위기도 꽤 자유로웠어요.

아인슈타인은 강의를 들은 후 언제나 메트로폴레라는 카페에 들러 커피를 마시며 책을 읽거나 친구들과 모여 이런저런 토론을 즐겼답니다. 그리고 밤에는 친구들의 하숙집을 방문해 바이올린을 연주하며 즐거운 시간을 보냈어요. 또 전차를 타고 시내 건너편에 있는 거리로 나가 평화롭고 아름다운 도시의 풍경을 감상하기도 했고, 날씨가 좋은 날에는 친구들과 함께 요트를 빌려서 호수에 띄우고 호젓한 풍경 속에서 물리학에 관해서 이야기하기도 했어요. 아인슈타인은 친구와 아름다운 풍경, 음악에 둘러싸여 행복한 대학 생활을 마음껏 즐겼답니다.

물론 공부도 게을리하지 않았어요. 그는 4년의 대학 생활 동안 수학과 물리, 천체 물리, 천문학, 지리, 철학, 인류학, 경제학 등 다양한 과목을 공부했는데, 그중에서 아인슈타인이 특히 기대했던 것은 바로 베버 교수의 물리학 수업이었어요. 아인슈타인은 헝가리에서 온 밀레바 마리치에게 한껏 들떠 말했어요. 밀레바는 같은 반의 유일한 여학생이었답니다.

"다음 주부터 드디어 베버 교수님의 물리학 수업이 시작돼. 어떤 걸 배우게 될지 벌써부터 가슴이 두근거리지 않니?"

밀레바 마리치

"나도 물리학 수업을 들을 수 있다는 게 꿈만 같아! 내가 여기에 온 이유가 바로 이 수업을 듣기 위해서였어. 헝가리에서는 여자들이 대학에 갈 수 없었거든."

아인슈타인은 베버 교수의 강의를 단 한마디도 놓치지 않고 노트에 기록했어요. 베버 교수도 이런 아인슈타인의 열성적인 태도를 칭찬하고 격려해 주었지요. 그런데 시간이 지날수록 아인슈타인의 표정은 어두워졌어요. 베버 교수의 강의에 조금씩 실망하기 시작했거든요.

'왜 교수님은 통계역학과 전자기파에 대한 강의는 안 하시는 걸까? 나는 빛에 대해서 좀 더 많은 걸 알고 싶은데……. 계속 이렇게 이미 알고 있는 내용을 듣고 있을 수는 없어.'

다시 베버 교수의 강의 시간이 돌아왔어요. 아인슈타인은 손을 번쩍 들고 용기를 내 질문했지요.

"베버 교수님! 통계역학과 전자기파에 대한 강의는 언제쯤 들을 수 있을까요?"

"아인슈타인 군, 이 수업에서는 뉴턴의 법칙만 잘 이해하면 되네. 여기서는 그런 내용들을 강의하지 않을 걸세."

언제나 새로운 것을 알고 싶어 했던 아인슈타인은 베버 교수의 말에 크게 실망을 했어요. 최신 과학 이론을 배우지 않는다는 사실을 알게 된 아인슈타인은 베버 교수의 강의를 빠지기 시작했어요. 이미 알고 있는 내용을 반복해서 듣는 것보다는 전자기파 등 빛과 관련된 내용을 혼자 공부하는 것이 더 낫다고 생각했기 때문이에요. 베버 교수는 계속해서 수업에 빠지는 아인슈타인이 못마땅했어요.

아인슈타인은 졸업하기 1년 전 에테르라는 물질을 알아보기 위한 실험을 하겠다고 베버 교수에게 말한 적도 있어요. 에테르는 빛의 파동을 전달하는 가상의 물질로, 당시 과학자들 입에 자주 오르내리던 물질이었답니다. 이 실험은 아인슈타인이 연구해 온 빛과 관련된 중요한 실험이었어요.

"베버 교수님! 요즘 에테르라는 물질에 대해서 과학자들의 관심이 많습니다. 제 생각에는 이와 관련된 실험을 하는 것도 좋을 것 같습니다."

베버 교수는 평소에 자신의 수업을 거의 듣지 않던 아인슈타인이 갑자기 나타나 이런 제안을 하자 매우 거슬렸어요.

"나도 자네만큼 실험을 좋아하고, 또 복잡한 실험은 내 전문이기도 해. 하지만 자네가 제안한 실험은 완전히 불가능한 실험이야."

"제가 공부한 바에 의하면 에테르라는 물질이 있는지 없는지 확인할 방법이 있습니다."

"아인슈타인, 자네는 실험에 대해 떠들기 전에 먼저 수업이나 열심히 듣는 것이 어떻겠나?"

"교수님은 새로운 이론에 대해서는 강의를 하지 않기 때문에 제가 꼭 이 강의를 들을 필요는 없다고 생각합니다."

"뭐야! 그 말은 내 수업에서 배울 것이 없다는 소린가? 그렇게 건방진 소리를 하니까 다른 교수들도 자네를 좋지 않게 생각하는 거야!"

베버 교수는 아인슈타인을 건방진 학생이라고 생각했어요. 반면에 아인슈타인은 베버 교수가 자신을 무시하고 있다고 생각했지요. 베버 교수와 아인슈타인의 관계는 이후 더욱 나빠졌어요.

베버 교수의 말처럼 아인슈타인은 다른 물리학 교수들과의 관계도 그렇게 좋지는 못했어요. 아인슈타인이 대학교 3학년 때의 일이었어요. 당시 페르네 교수로부터 이런저런 실험을 배우고 있었던 아인슈타인은 페르네 교수가 가르쳐 준 방법으로만 실험하는 것이 싫었어요.

'왜 항상 같은 방법으로만 실험해야 하는 거지? 누구나 알고 있는 방법으로 실험을 한다면 그걸 과연 실험이라고 부를 수 있을까? 내 생각에는 교수님의 방법 말고도 다른 방법이 많이 있어.'

아인슈타인은 페르네 교수가 가르쳐 준 방법 외에 자신이 생각한 방법으로 실험을 진행하곤 했어요. 페르네 교수는 아인슈타인의 그런 행동이 마음에 들지 않았어요. 그는 자신의 강의를 도와주었던 조교에게 넌지시 물어보기도 했답니다.

"음, 자네는 아인슈타인을 어떻게 생각하나? 그 학생은 언제나 내가 시키는 것과 다르게 행동한단 말이야."

하지만 조교는 페르네 교수와는 생각이 달랐어요.

"교수님 말씀대로 아인슈타인은 항상 다르게 실험을 합니다.

그런데 가만히 지켜보면 아인슈타인의 방법은 매우 정확하고 또 흥미롭기까지 하던데요?"

하지만 아인슈타인이 항상 옳았던 것은 아니었어요. 넘치는 상상력과 지나친 호기심은 그를 위험에 빠뜨리기도 했어요. 한번은 자신이 개발한 새로운 방법으로 실험을 하다가 큰 폭발 사고를 일으키기도 했어요. 다행히 아인슈타인은 크게 다치지 않았지만, 이 사고 때문에 몇 주 동안 손을 쓸 수 없었답니다.

이렇게 아인슈타인의 대학 생활은 좋았던 점도 많았지만, 힘들었던 점도 있었어요. 하지만 그때마다 친구들은 아인슈타인을 격려하고 또 많은 도움을 주었지요. 같은 반 친구인 마르셀 그로스만은 수업을 자주 빠졌던 아인슈타인에게 강의 시간에 필기한 노트를 빌려주며 시험을 준비할 수 있도록 도왔어요. 6살 많은 미셸 베소라는 친구는 아인슈타인과 함께 공부하고 토론하며 진지한 학문적 의견을 교환했지요. 그리고 아인슈타인에게는 밀레바도 있었어요. 대학 시절 내내 친구로 지냈던 아인슈타인과 밀레바는 나중에 결혼까지 하게 된답니다.

계속되는 궁금증

'빛의 속도로 달리면서 손에 들고 있는 거울을 보면 내 얼굴이 보일까? 보이지 않을까?'

아인슈타인은 대학생이 된 뒤 아라우 시절에 품었던 이 궁금증에 대해서 좀 더 깊이 고민해 보았어요. 그는 처음에는 자신의 얼굴이 거울에 비치지 않을 거라고 생각했어요.

'얼굴이 보이려면 내 얼굴에서 반사된 빛이 거울에 도달해야 해. 하지만 거울은 빛의 속도로 움직이고 있으니까 빛은 거울에 닿지 못하겠지? 그러니까 아마 거울에는 아무것도 보이지 않을 거야. 빛의 속도로 달리고 있을 때 나는 투명인간이나 마찬가지인 거지!'

하지만 갈릴레이가 쓴 〈두 우주 체계에 관한 대화〉를 읽고 나서부터는 생각이 바뀌었어요. 아인슈타인은 그 책에서 배가 아무리 빨리 움직여도 배의 속도가 변하지 않으면 배 안에 있는 사람은 그 움직임을 전혀 느끼지 못한다는 내용을 읽었어요. 즉 일정한 속도로 달리고 있으면 자연 현상은 아무것도 변하지 않는다는 거예요. 따라서 아인슈타인은 빛의 속도로 날아갈 때도 거울에 얼굴이 보여야 한다고 생각했어요.

'내가 아무리 빨리 달리고 있어도 자연 현상이 변하면 안 되겠지. 그래. 아무래도 갈릴레이의 생각이 맞는 것 같아!'

그러나 아인슈타인은 확신할 수는 없었어요. 빛에 대해서 알면 알수록 머릿속은 더욱 복잡해졌지요.

"도대체 어떤 것이 맞는 걸까?"

아인슈타인은 시간이 날 때마다 생각을 하고, 여러 가지 책을 읽고, 주변 사람들과 이야기를 나누었지만 쉽게 답을 찾지 못했어요. 그는 대학을 졸업한 후에 교수가 되어 이 궁금증을 계속해서 파고들어야겠다고 마음먹었어요. 하지만 아인슈타인은 졸업한 후에 매우 힘들고 어려운 시간을 보내야만 했답니다.

졸업 후 어려운 생활

취리히 대학을 졸업하려면 모든 학생이 중간시험을 봐야 했어요. 이 시험에 통과해야만 졸업 시험을 치를 자격이 주어졌기 때문에 중간시험은 매우 중요했답니다.

'내 수업에 거의 들어오지 않은 아인슈타인이 중간시험을 통과할 리가 없어. 예전에 우리 대학 입학시험에 떨어졌던 것처럼 이번 시험에서도 떨어지고 말겠지.'

베버 교수는 졸업이 코앞으로 다가오자 아인슈타인을 떠올리며 이렇게 생각했어요. 하지만 베버 교수의 생각과는 달리 아인슈타인은 6.0 만점에 5.7점을 받아 반에서 최고의 점수로 중간시험을 통과했어요.

1900년, 아인슈타인은 졸업 시험마저 우수한 성적으로 통과하고 21살의 나이에 취리히 공과대학을 졸업했어요. 당시에는 대학을 졸업하면 그 대학의 조교로 일할 기회가 주어졌어요. 아인슈타인도 당연히 조교로 일할 수 있을 거라고 생각했지요. 그러나 학교에는 자유롭게 생각하고 자기 생각을 거침없이 말하는 아인슈타인을 못마땅하게 생각하는 교수들이 많았어요.

"흠, 아인슈타인이 조교를 신청했다는군요."

"말도 안 됩니다! 평소에 수업을 자주 빠졌던 아인슈타인이 조교가 되면 수업 분위기가 엉망이 될 겁니다."

"맞아요. 아인슈타인은 큰 폭발 사고까지 일으켰지요. 아인슈타인의 실력이 뛰어난 건 사실이지만, 학생들이 그를 따라 마음대로 실험하다가는 또다시 큰 사고가 발생할 수도 있는 일이에요. 아인슈타인에게 절대 조교 자리를 주어서는 안 됩니다."

결국 아인슈타인은 자신이 졸업한 취리히 대학에서 조교 자리를 얻지 못했어요.

그 무렵 아인슈타인의 집안은 형편이 매우 어려웠어요. 아버지가 운영하던 밀라노의 전기 공장이 또다시 문을 닫았기 때문이에요. 이번에도 유대인이라는 점이 발목을 잡았어요. 유대인에 대한 차별은 독일 밖에서도 여전했어요. 야코프 삼촌도 결국 사업을 포기하고 직장을 구했어요.

아인슈타인의 아버지는 포기하지 않고 또다시 새로운 사업을 시작했지만, 친척들에게 돈을 빌려서 시작한 사업이기 때문에 형편은 좀처럼 나아지지 않았어요. 아버지는 아인슈타인이 조교든 강사든 어서 직장을 얻기를 원했어요. 아인슈타인 역시 사업에 실패한 아버지를 돕기 위해 여러 대학에 지원서를 냈어요. 하지만 아인슈타인을 불러주는 대학은 단 한 군데도 없었어요. 아인슈타인은 크게 실망했어요.

'혹시 베버 교수가 내가 대학에서 일자리를 얻는 것을 방해하는 건 아닐까? 아니면 내가 유대인이라서 그런 걸까?'

보다 못한 아인슈타인의 아버지는 안타까운 마음에 직접 나서서 도움을 구하기도 했어요. 아버지는 아인슈타인 몰래 독일 라이프치히 대학의 오스트발트 교수에게 편지를 보냈어요. 이 편지를 보면 아인슈타인이 직장을 구하지 못해서 얼마나 힘들어했는지 잘 알 수 있어요.

존경하는 오스트발트 교수님께

아들을 대신해 이렇게 편지를 드리게 된 저를 용서해 주시기 바랍니다. 제 아들 알베르트 아인슈타인은 취리히 공과대학을 우수한 성적으로 졸업했지만, 조교 자리를 구하지 못했습니다. 제 아들은 지금 일자리를 찾지 못해 몹시 괴로워하고 있습니다. 자신이 정상적인 길에서 이미 벗어났고 이제는 따라잡기가 힘들다는 생각이 하루하루 깊어가고 있습니다. 더구나 자신이 가족에게 짐이 되고 있다며 더욱 힘들어하는 것 같습니다. 부디 저의 아들이 학문의 기쁨을 되찾을 수 있도록 도와주시길 부탁드립니다.

헤르만 아인슈타인 드림

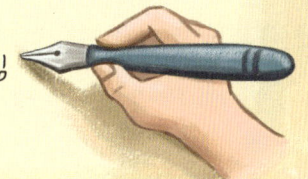

하지만 오스트발트 교수는 아인슈타인의 아버지에게 어떤 답장도 보내지 않았어요.

그 무렵 아인슈타인의 대학 친구들은 대부분 대학에 남아서 조교를 하거나 강사가 되었답니다. 마르셀 그로스만 역시 마찬가지였지요. 수학과 조교로 일하던 그는 힘든 시간을 보내고 있다는 아인슈타인의 소식을 듣고는 아버지에게 딱한 사정을 말했어요.

"아버지, 혹시 알베르트가 일할 만한 곳 없을까요? 그는 정말 뛰어난 친구예요. 제가 꼭 도와주고 싶어요."

"글쎄다. 네가 그렇게 말할 정도면 믿을 만한 친구겠지? 한번 알아보마."

그로스만의 아버지는 스위스 베른에 있는 특허청에 아인슈타인을 소개해주었어요. 물론 특허청에 당장 빈자리가 있었던 건 아니어서 아인슈타인은 자리가 날 때까지 기다려야만 했지요. 아인슈타인은 특허청에 자리가 나면 바로 들어갈 수 있도록 스위스 베른으로 이사했어요. 그리고 취직을 하기 전까지 생활비를 벌기 위해 여러 가지 일을 했어요. 2개월 동안 임시직 수학 교사로 일하기도 했고, 신문에 개인 과외 자리를 구하는 광고를 내기도 했어요. 그런데 이 광고는 아인슈타인에게 뜻밖의 기쁨을 안겨주었어요. 이 광고를 통해 재미있는 모임 하나가 만들어졌거든요. 그 모임이란 대체 뭘까요?

아인슈타인은 생활비를 벌기 위해 베른 신문에 수학과 물리학을 가르친다는 광고를 냈어요. 며칠이나 지났을까요? 광고를 보고 두 명이 찾아왔어요. 이들은 각각 2프랑을 지급하고 우주와 원자, 에테르에 대한 개인 과외를 받았어요.

아인슈타인의 집을 방문한 사람들은 모두 아인슈타인이 얼마나 가난하게 살고 있는지 한눈에 알 수 있었어요. 몇몇 사람은 누추한 방과 형편없

는 가구를 보고는 아인슈타인이 차라리 거리에서 바이올린을 연주하면 지금보다는 더 나은 생활을 할 수 있을 거라고 말할 정도였지요.

형편이 어려웠던 아인슈타인은 2개월 후에 다시 광고를 냈어요. 그리고 그때 찾아온 사람이 루마니아 출신의 모리스 솔로빈이었어요. 아인슈타인보다 4살 많은 솔로빈은 베른 대학에서 철학을 공부하던 학생이었어요. 아인슈타인은 2시간 반 동안 솔로빈과 철학과 과학에 대해 자유롭게 대화를 나눴어요. 그는 학구열에 불타는 솔로빈이 매우 마음에 들었어요.

"아인슈타인, 제가 수강료로 얼마를 내면 될까요?"

솔로빈이 이렇게 묻자 아인슈타인은 머뭇거렸어요. 첫 만남에서 강의는 거의 하지 않고 토론만 했기 때문이지요. 타지에서 외롭게 생활하던 아인

슈타인에게는 학문적 견해를 나누고 대화를 할 수 있는 진정한 친구가 절실하게 필요했어요. 그는 앞으로도 그저 지금처럼 솔로빈과 자유롭게 대화하고 싶다는 마음뿐이었어요.

"솔로빈, 강의료는 받지 않을 테니, 우리 친구로 지내는 건 어떨까요? 원하는 시간에 언제든지 찾아오면 지금처럼 자유롭게 토론하고 대화를 나누는 거죠. 그게 훨씬 더 즐겁고 유익한 시간이 될 것 같지 않아요?"

솔로빈 역시 아인슈타인이 마음에 들었어요. 그는 다음엔 당대의 위대한 사상가들의 책을 읽고 그에 대해 함께 이야기하자고 제안했고, 아인슈타인도 이에 동의했어요. 그는 다음날에도 아인슈타인을 찾아와 즐거운 대화를 나누었어요. 아인슈타인에게는 돈을 버는 것보다 생각하고 대화하고 토론하는 즐거움이 훨씬 더 컸답니다. 그리고 얼마 후 수학을 공부하기 위해 베른에 와 있던 콘라트 하비히트라는 사람도 아인슈타인과 솔로빈의 대화에 참여했어요. 아인슈타인과 하비히트, 솔로빈은 일주일에 한 번씩 꼬박꼬박 모임을 가졌고, 이 모임을 '올림피아 아카데미'라고 불렀답니다.

저녁 식사는 소시지와 치즈, 과일, 차 한 잔이 전부였지만, 아인슈타인은 그 어느 때보다 즐거운 시간을 보냈어요. 그 즐거움이 얼마나 컸으면 아인슈타인은 방 한쪽 벽에 이런 글을 써 붙여 놓기도 했답니다.

'즐거운 가난은 얼마나 아름다운가!'

저녁 식사를 마친 후에 그들은 언제나 책을 읽고 그 내용에 대해 토론을 했어요. 그들은 물리학과 관련된 책 외에도 생물학자인 칼 피어슨, 철학자인 존 스튜어트 밀, 데이비드 흄, 라이프니츠, 스피노자, 심지어 소설가인 찰스 디킨스의 책까지 읽었어요. 아인슈타인은 이 모임을 통해서 신선한 지적 자극을 받았어요. 또 과학과 물리학뿐만 아니라 인간 세계의 근본 원리에 대해서도 생각하게 되었답니다.

어느 날 솔로빈은 아인슈타인의 생일을 축하해 주기 위해서 모임에 '캐비아'라는 음식을 가져왔어요. 캐비아는 철갑상어의 알을 소금에 절인 것으로, 지금도 매우 비싼 가격으로 거래되는 최고급 음식이에요.

평소에 아인슈타인은 새로운 음식에 관심이 많았지만 지금까지 단 한 번도 캐비아를 먹어본 적이 없었어요. 지금 형편으로는 감히 맛볼 수 없을

올림피아 아카데미 회원들. 왼쪽부터 차례대로 하비히트, 솔로빈, 아인슈타인.

정도로 비싼 음식이었거든요.

솔로빈은 자신들이 가져온 음식이 무엇인지 말하지 않고 평소처럼 식사를 시작했어요. 솔로빈과 하비히트는 캐비아에 손을 대지 않았어요. 한 숟가락 정도 가격이 한 달 식비에 달하는 고급 음식을 아인슈타인이 마음껏 즐겼으면 하는 마음에서였지요. 솔로빈은 어서 아인슈타인이 캐비아를 맛보길 원했어요. 그는 장난스러운 표정을 지으며 이렇게 생각했어요.

'아마 아인슈타인은 캐비아를 입에 넣자마자 엄청나게 놀라게 될 거야. 그리고는 이게 대체 뭐냐고 묻겠지? 지금 먹은 게 캐비아라는 사실을 알면 더 놀라겠지? 낄낄.'

드디어 아인슈타인이 캐비아를 한 숟갈 푹 떠서 입에 넣었어요. 솔로빈과 하비히트는 침을 꼴깍 삼키면서 아인슈타인을 쳐다보며 깜짝 놀랄 반응을 기대했어요.

그런데 이게 웬일일까요? 친구들의 기대와는 달리 아인슈타인의 표정엔 변화가 전혀 없었어요. 솔로빈과 하비히트는 눈을 끔뻑거리며 서로를 바라보았어요. 아인슈타인은 여전히 갈릴레이가 말했던 배 안에서 물체의 움

직임에 대해서 이야기를 하고 있을 뿐이었지요. 알고 보니 그는 토론에 집중하느라 자신이 먹는 음식이 무엇인지는 전혀 신경 쓰지 않았던 거예요!

"내 생각엔 아무래도 갈릴레이의 생각이 맞는 것 같아. 응? 아니 자네들 표정이 왜 그런가?"

아인슈타인은 어리둥절한 표정으로 자신을 바라보고 있는 친구들에게 물었어요.

"아인슈타인, 지금 자네가 뭘 먹었는지 알고 있어?"

"글쎄, 내가 방금 뭘 먹었지? 소시지였던가?"

"그거, 캐비아야. 자네가 그렇게 먹고 싶어 했던 캐비아라고! 아무리 토론에 열중해도 그렇지 어떻게 자기가 뭘 먹었는지 모를 수가 있지? 정말 못 말리는 친구라니까!"

"오, 이런! 이게 그 유명한 캐비아란 말이야? 이런 비싼 음식은 역시 나한테 안 어울리는 모양이야. 하하."

아인슈타인은 자신을 위해서 캐비아를 준비한 친구들에게 미안한 마음이 들었어요. 하지만 친구들은 아인슈타인의 열정과 호기심에 감탄할 뿐이었어요.

가난했지만 가장 행복한 시간을 보내고 있었던 아인슈타인은 1902년 6월 마침내 특허청에 다니게 되었어요. 그리고 알베르트 아인슈타인은 바로 이 특허청에서 '기적의 해'라 불리는 1905년을 맞이하게 된답니다.

기적이 싹트다

대학을 졸업한 지 2년 만에 아인슈타인은 스위스 베른의 특허청 3급 공무원으로 일하게 되었어요. 원래 특허청에 근무하려면 기술 교육을 받아야 했어요. 당시 특허는 전기와 관련된 것이 많았기 때문이에요.

하지만 아인슈타인은 기술 교육을 받지 않았음에도 별다른 어려움 없이 특허청 일을 해낼 수 있었어요. 어려서부터 아버지의 전기 공장에서 많은 것을 보고 자랐고, 공장 일을 도와준 경험도 있었기 때문이에요. 대학에서 전기에 대한 최신 과학 이론을 혼자 공부한 것도 큰 도움이 되었어요. 특허청 업무는 아인슈타인에게 쉽고도 재미있는 일이었어요.

특허청에 근무한 지 4개월 만에 아인슈타인에게 슬픈 소식이 전해졌어요. 아버지가 위독하다는 것이었어요. 아인슈타인은 그 즉시 아버지를 만나기 위해 이탈리아로 갔어요. 아버지는 계속되는 사업 실패로 인해 많은 스트레스를 받았고, 심장병으로 고생하고 있었어요. 며칠 후에 아버지는 55세의 나이로 세상을 떠나고 말았어요. 아인슈타인은 아버지에게 평생 걱정만 안겨 드린 것 같아 마음이 매우 무겁고 또 아팠어요. 이제 막 직장을 얻어 아버지를 도울 수 있었는데, 앞으로는 영영 그럴 수 없게 된 거예요.

특허청에서 일하던 시절의 아인슈타인

하지만 깊은 슬픔이 서서히 지나갈 때쯤 기쁨도 함께 찾아왔어요. 아버지가 돌아가신 지 약 3개월이 지난 1903년, 아인슈타인은 대학 친구였던 밀레바와 결혼을 했어요. 결혼식 하객은 하비히트와 솔로빈 단 두 명뿐이었고 신혼여행을 갈 형편도 안 되었지만, 아인슈타인은 행복했어요.

특허청으로 돌아온 뒤 아인슈타인은 더욱 바쁘게 지냈어요. 아버지가 남긴 많은 빚을 아인슈타인이 대신 갚아야 했기 때문이지요. 게다가 밀레바와 결혼도 했기 때문에 돈이 들어갈 일도 더 많아졌어요. 아인슈타인은 특허청 일 외에도 개인 과외를 다시 시작했어요. 그러면서도 친구들과의 올림피아 아카데미 모임도 꼬박꼬박 참석했지요. 이 무렵엔 밀레바도 올림피아 아카데미에 들어왔어요. 그리고 결혼한 다음 해인 1904년 5월에 아들도 낳았답니다.

아인슈타인이 이렇게 눈코 뜰 새 없이 바쁘게 지내던 어느 날, 밀레바의 아버지가 헝가리에서 찾아왔어요. 손자를 보기 위해서였지요.

"요즘 특허청 일 외에도 저녁엔 개인 과외까지 하고 있다고 들었네. 자네가 수고가 많군. 자, 이거 받게나. 이 정도면 살림에 도움이 될 걸세."

헝가리의 큰 부자인 밀레바 아버지는 아인슈타인에게 봉투를 하나 건넸어요. 그 안에는 무려 10만 프랑의 돈이 들어 있었어요. 아인슈타인이 특허청에서 1년 동안 받는 봉급은 3,500프랑이었어요. 그러니까 10만 프랑은 아인슈타인이 약 30년 동안 쉬지 않고 일해야 모을 수 있는 큰돈이었어요. 하지만 아인슈타인은 이 돈을 받지 않았어요.

아인슈타인은 가난하게 살면서도 돈에 대해 큰 욕심을 내지 않았어요. 돈이 있을 때도 사치스럽게 살지 않았고 항상 작은 집에서 수수한 옷차림으로 지냈지요.

아인슈타인이 아쉬워했던 게 하나 있다면 그건 바로 시간이 갈수록 올림피아 아카데미 회원을 만나기가 힘들어졌다는 점이었어요. 회원들이 하나둘 직장을 얻기 시작하면서 모임을 하는 횟수가 점점 줄어들었거든요. 같이 토론을 했던 밀레바 역시 아기를 키우느라 정신이 없었어요. 다만 아인슈타인의 소개로 특허청에서 근무하게 된 친구 베소가 아인슈타인의 곁에서 힘이 되어 주었어요.

이렇게 밤낮없이 바쁜 와중에도 그는 개인적인 연구를 게을리하지 않았어요. 이 시절 아인슈타인에게 무엇보다 중요했던 것은 역시 어린 시절 빛에 대해 품었던 오랜 의문에 대한 답을 찾는 일이었지요.

어느 화창한 봄날, 아인슈타인은 베소를 찾아가 자신이 오랫동안 고민하던 문제를 털어놓았어요. 아인슈타인과 베소는 여러 시간 동안 토론을 했지만 이번에도 제자리걸음이었어요. 시원한 답을 얻지 못한 아인슈타인은 풀이 죽어 집으로 돌아갔어요.

아인슈타인은 이제 겨우 두 살이 된 아들 한스를 재우고 나서 또다시 생각에 잠겼어요. 몸은 매우 피곤했고 머릿속은 털실 뭉치를 헝클어 놓은 것처럼 복잡했지만 어째서인지 생각을 멈출 수 없었어요. 그는 어두컴컴한 거실 의자에 앉아서 빛에 대해 생각을 하고 또 했지요.

그때였어요. 무언가 '번쩍'하는 것이 머릿속을 스쳐 지나갔어요. 동시에 아인슈타인의 눈도 '반짝'하고 빛났어요. 의자에 비스듬히 기대어 있던 몸을 곧추세우고는 무릎을 '탁!' 쳤어요. 마침내 자신이 지난 10년 동안 고민하던 질문에 대한 답이 선명하게 떠올랐던 거예요!

"그래! 바로 그거야! 왜 진작 이런 생각을 못 했지?"

아인슈타인의 머릿속에서 기적이 싹트는 순간이었어요. 대체 아인슈타인의 머릿속에서 떠오른 생각은 무엇일까요?

- 누구도 하지 못한 생각
- 일반 상대성 이론 연구
- 대학교수가 되는 길
- 가르치며 연구하기

인문학적 상상력으로 다양한 지식 융합

행복한 출발, 힘든 과정

3

아인슈타인의 엉뚱한 호기심은 상상에 의해 질문으로 발전했어요. 그리고 끊임없는 노력 끝에 마침내 '특수 상대성 이론'을 발견하게 되었어요. 하지만 아인슈타인은 특수한 경우뿐만 아니라, 모든 경우를 설명하는 이론을 찾아내고 싶었답니다. 그래서 나온 것이 바로 '일반 상대성 이론'이에요. 이 모든 것은 아인슈타인의 머릿속에서 일어난 일이랍니다. '생각하는 힘', '상상의 힘'이란 이렇게 대단한 거예요. 상대성 이론이 어떤 과정을 거쳐 탄생했는지, 아인슈타인의 생각을 따라가 볼까요?

누구도 하지 못한 생각

인문학적 상상력이란 '인간의 삶에서 가장 기본적이고 근본적인 것에 대해 질문을 던지고 상상하는 것'이라고 할 수 있어요. 아인슈타인 역시 인문학적 상상력이 매우 뛰어났답니다. 그의 머릿속에서 싹튼 상상은 세상의 가장 근본적인 것을 하나하나 따져 봐야만 떠올릴 수 있는 것이었지요.

이 무렵 아인슈타인의 머릿속을 가득 채운 것은 '빛' 외에도 또 있었어요. 그건 바로 '시간과 공간'이었답니다.

시간과 공간은 사람이 살아가는 데 가장 기본적인 것이라고 할 수 있어요. 그러니까 '시간은 언제 어디서나 똑같이 흐르고, 공간은 누구에게나 책상이나 의자처럼 고정된 것'이라는 말이지요. 지금까지 모든 사람이 그렇게 알고 살아왔고, 이는 그 누구도 의심하지 않는 절대적인 사실이었어요. 단 한 명, 아인슈타인만 빼면 말이에요.

아인슈타인은 너무나도 당연해서 그 누구도 의심하지 않던 오랜 인식, 즉 '시간과 공간은 누구에게나 같다'는 사실을 의심하기 시작했어요.

'어쩌면 시간과 공간이 상대적인 개념일지도 몰라.'

지난 밤, 어두운 거실에 앉아있을 때 떠오른 생각이 바로 이것이었어요. 그 시작은 '빛의 속도'였어요. 아인슈타인은 전자기파 이론과 에테르와 관련된 실험 결과 등 최신 과학 이론을 참고하면서 빛의 속도는 관측자와 관계없이 항상 일정하다는 결론을 내렸어요. 이것은 매우 놀랍고도 이상한 생각이었어요. 하지만 '빛의 속도는 변하지 않는다.'는 생각은 오랜 의문을 해결하는 중요한 열쇠가 되었어요.

예를 들어 보면 쉽게 이해할 수 있답니다. 20 m/s로 달리고 있는 기차 안에 솔로빈과 하비히트가 있고, 기차 밖에는 아인슈타인이 서 있다고 생각해 보세요. 하비히트가 기차 안에서 30 m/s의 속도로 공을 던지면 이 공은 솔로빈과 아인슈타인에게 각각 어떻게 보일까요?

솔로빈은 하비히트와 함께 기차를 타고 있으니 하비히트가 던진 공이 30 m/s로 날아가는 것으로 보일 테고, 아인슈타인은 기차 밖에 있으니까 달리는 공의 속도에 기차의 속도까지 더해 공이 50 m/s 날아가는 것으로 보일 거예요.

이처럼 물체의 속도는 관찰자의 위치와 운동 상태에 따라서 다르게 보이는 게 당연할 거예요. 그런데 아인슈타인은 빛의 경우는 다르다고 생각했어요.

이번에는 20만 km/s로 엄청나게 빨리 달리고 있는 기차 안에서 하비히트가 기차의 진행 방향으로 손전등을 비추고 있다고 생각해 보세요. 빛의 속도는 30만 km/s니까 기차에 함께 타고 있는 솔로빈은 빛이 30만 km/s로 날아가는 것으로 보일 거예요. 그렇다면 기차 밖에 있는 아인슈타인에게는 빛이 어떻게 보일까요? 일반적인 생각으로는 빛이 50만 km/s로 날아간다고 말하겠지만, 아인슈타인은 이런 생각이 틀렸다고 본 거예요. 즉, 빛의 속도는 일정하기 때문에 빛은 변함없이 30만 km/s로 날아간다는 것이 아인슈타인의 생각이었어요. 이럴 경우 어떤 일이 생길까요?

빛의 속도 = 거리/시간 니까 빛의 속도가 항상 일정하다는 말은 우리가 언제나 누구에게나 똑같다고 생각해 온 '시간과 거리(공간)'가 관찰자의 운동 상태에 따라 변한다는 것을 의미해요. 아인슈타인은 이런 내용을 논문으로 쓰기 시작했고, 논문은 불과 5주 만에 완성되었답니다. 지금까지 수천 년 동안 절대적이라고 생각되어 온 시간과 공간에 대한 개념을 뒤집고, 자신의 새로운 생각을 수학적으로 정리하는 데에 단 5주면 충분했던 거예요.

1905년 6월, 26살의 아인슈타인은 시간과 공간이 움직이는 사람에 따라 다르다는 내용이 담긴 논문 〈움직이는 물체의 전기역학에 대하여〉를 유명한 과학 학술지 《물리학 연보》에 제출했어요. 그리고 같은 해 9월 26일 마침내 논문이 발표되었답니다. 그리고 이 논문에 실린 이론을 '특수 상대성 이론'이라고 불렀어요. 시간과 공간이 관찰자의 운동 상태에 따라 달라지기 때문에 붙인 이름이었지요.

아인슈타인은 논문을 제출한 이후에도 계속해서 새로운 생각을 하며 질문하고 그 질문에 대한 답을 찾기 위해 노력했어요. 그리고 마침내 세상에서 가장 유명한 방정식이 탄생했답니다.

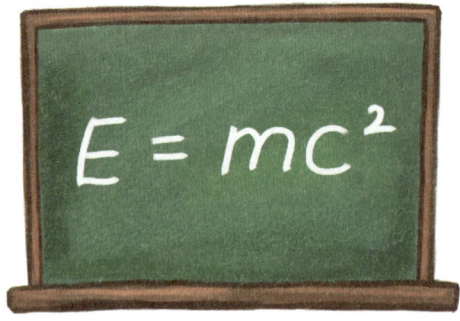

이 공식은 에너지(E)와 질량(m)이 같다는 것을 의미해요. 이것 또한 누구도 생각지 못한 혁명적인 아이디어였지요. 그전까지 질량과 에너지는 별개의 것으로 생각했어요. 질량은 손에 잡히는 알갱이가 가지고 있는 고유한 '성질'이며 에너지는 손으로 만질 수 없는 '현상'인데, 대체 어느 누가 이 두 가지를 같다고 생각할 수 있었겠어요?

하지만 세상을 근본적인 것부터 다시 하나하나 따져보는 아인슈타인의 '인문학적 상상력' 덕분에 과학자들은 오랫동안 설명하지 못했던 많은 자연 현상을 설명할 수 있게 되었답니다. 태양이 어떻게 해서 그토록 오랜 시간 동안 엄청나게 많은 양의 빛을 낼 수 있는지도 알게 되었고, 무시무시한 폭발력을 지닌 원자 폭탄 역시 이 공식을 기초로 만들어졌지요.

사람들은 아인슈타인이 이런 기발하고 놀라운 생각을 할 수 있었던 비결이 궁금했어요.

"아인슈타인 박사님, 누구도 의심하지 않았던 시간과 공간에 대해서 그런 기발한 생각을 했다는 게 정말 놀랍습니다. 대체 어떻게 해서 그런 생각을 할 수 있었나요?"

아인슈타인은 천천히 자기 생각을 밝혔어요.

"어른들은 결코 시간과 공간의 문제에 대해 생각하지 않습니다. 이런 생각은 어린 시절에 이미 한 번쯤 다 해 봤다고 생각하기 때문이지요. 하지만 저는 아주 천천히 생각하는 사람입니다. 어른이 된 뒤에도 저는 어린아이처럼 시간과 공간에 대해 생각하는 걸 멈추지 않았어요."

또 어떤 사람은 이런 질문을 했어요.

"연구할 때 가장 중요한 것이 무엇이라고 생각합니까?"

아인슈타인은 서슴없이 대답했어요.

"질문을 멈추지 않는 것입니다. 호기심은 그 나름의 존재 이유가 있습니다. 우리는 신성한 호기심을 잃어서는 결코 안 됩니다."

아인슈타인은 '기적의 해'인 1905년에 특수 상대성 이론을 포함한 여러 논문을 발표하면서 내심 큰 기대를 하기도 했어요. 《물리학 연보》는 당시 세계에서 가장 권위 있는 학술지 중 하나였기 때문이에요. 그는 다른 과학자들이 자신의 논문을 알아보고 특수 상대성 이론에 관심을 가지기를 원했어요. 그러나 세상 사람들은 그의 생각대로 움직이지 않았답니다. 아인슈타인의 기대와는 달리 세상은 평소와 똑같이 잠잠했어요. 그의 논문을 칭찬하는 사람이 없었던 것은 물론, 그의 생각에 반론을 제기하는 사람조차 없었어요. 과학자들은 아인슈타인의 논문에 전혀 관심이 없었던 거예요. 아인슈타인은 교수도 아니었고, 특허청의 알려지지 않은 공무원일 뿐이었어요. 게다가 아인슈타인의 논문은 사람들이 이해하기 어려웠고 황당해 보이는 내용으로 가득했지요.

그러나 시간이 지나면서 상황은 조금씩 달라졌어요. 독일에서 날아온 한 통의 편지 덕분이었어요. 편지를 보낸 사람은 독일 베를린 대학교의 막스 플랑크 교수였어요. 당시 베를린 대학은 세계 최고의 대학이었고, 막스 플랑크는 세계적으로 유명한 물리학 교수였어요.

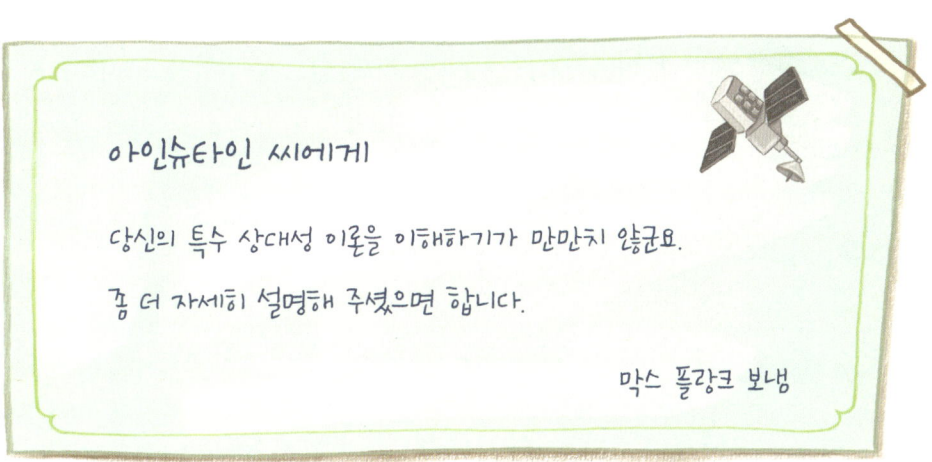

아인슈타인 씨에게

당신의 특수 상대성 이론을 이해하기가 만만치 않군요.
좀 더 자세히 설명해 주셨으면 합니다.

막스 플랑크 보냄

아인슈타인은 뛸 듯이 기뻤어요. 그의 얼굴에는 환한 웃음이 가득했지요. 그는 즉시 플랑크 교수에게 편지를 썼어요. 유명한 물리학자가 이름도 알려지지 않은 젊은 과학자 아인슈타인에게 편지를 보냈다는 소문이 서서히 퍼져 나가기 시작했어요. 그리고 마침내 사람들은 아인슈타인의 특수 상대성 이론에 조금씩 관심을 가지기 시작했답니다.

일반 상대성 이론 연구

1906년 3월 14일 아인슈타인은 스물일곱 번째 생일을 맞이했어요. 그리고 그날 특허청에서 2급 공무원으로 승진했답니다. 연봉도 꽤 올라 이제는 4,500프랑을 받게 되었어요. 밀레바와 함께 힘겹게 생활을 꾸려 나가고 있던 아인슈타인에겐 무척 좋은 소식이었지요. 그러나 이런 기쁜 소식에도 아인슈타인의 마음은 무겁게 가라앉을 뿐이었어요. 아인슈타인은 올림피아 아카데미 회원이자 친구인 솔로빈에게 편지를 보냈어요.

> 우리 식구들은 항상 그렇듯이 잘 지내고 있어.
> 하지만 내 마음은 편치 않다네.
> 내 연구는 그리 성공적이라고 할 수 없어.

특수 상대성 이론이 발표된 지 1년도 지나지 않아서 아인슈타인은 또 다른 이론을 연구하기 시작했어요. 특수 상대성 이론은 물체가 일정한 속력으로 운동하고 있는 경우에만 성립하는 이론이므로 불완전한 이론이라고 할 수 있어요. 왜냐하면 우리가 살고 있는 이 세상은 속도가 변하는 경우가 훨씬 많기 때문이에요. 아인슈타인은 속도가 변하는 일반적인 경우까지 설명할 수 있는 제대로 된 이론을 발견하고 싶었어요. 아인슈타인은 이것을 '일반 상대성 이론'이라고 불렀어요. 하지만 연구가 생각보다 어려워 진도가 잘 나가지 않았어요. 아인슈타인은 일상생활에서 물체의 속도가 변하는 경우를 생각해 봤어요. 물체의 속도가 변하는 가장 대표적인 경우는 중력의 작용이었어요.

중력은 지구가 물체를 지구 중심으로 잡아당기는 힘을 말해요. 물체를 높은 곳에서 떨어뜨리면 속도가 점점 빨라지는 것이 바로 중력 때문이지요. 대포를 비스듬하게 쏘면 속도가 변하는 포물선 운동을 하면서 땅으로 떨어지는 것 역시 중력 때문이랍니다. 아인슈타인은 속도를 변하게 하는 중력에 대해 깊이 생각했어요. 그리고 시간과 공간에 대해 의문을 가졌던 것처럼 중력에 대해서도 의심하기 시작했어요.

특수 상대성 이론을 발표한 지 2년이 지난 1907년 어느 날, 아인슈타인은 특허청 사무실에 앉아 머릿속으로 끊임없이 '사고 실험'을 거듭하고 있었어요. 사고 실험이란 머릿속에서 생각만으로 진행하는 실험을 말해요. 그러다가 불현듯 머리를 스쳐 지나가는 것이 있었어요. 바로 엘리베이터였지요. 그는 엘리베이터를 이용한 상상 실험에 빠져들었답니다.

'지금 나는 엘리베이터에 타고 있어.
그런데 갑자기 엘리베이터의 줄이 끊어지면 어떻게 될까? 음, 생각만 해도 끔찍하군.
하지만 계속 상상해 보자. 뭔가 나올 것 같아.

줄이 끊어진다면 엘리베이터는 자유 낙하를 하겠지.
자유 낙하를 하면 엘리베이터 안에 있는 난
중력을 느끼지 못할 거야.
왜냐고? 자유 낙하를 하는 동안에는 엘리베이터가
떨어지는 가속도와 중력의 효과가 같아지니까
엘리베이터 안의 세계에서는 중력이 '0'이 되기 때문이지.
중력이 0이 된다는 건
몸무게를 느끼지 못하는 상태가 된다는 말이야.
그러니까 내 몸무게도 '0'이 되는 거지.'

아인슈타인은 눈을 감고 계속 생각을 이어나갔어요.

'만일 엘리베이터를 타고 우주로 간다면 어떨까?
우주 공간은 중력이 없는 곳이니까 거기서도 내
몸무게는 0이 될 거야.'

아인슈타인은 우주 공간과 지구에서의 엘리베이터를 계속 상상했고, 마침내 과학사에 한 획을 긋는 매우 중요한 결론에 도달했어요.

"그래, 중력과 가속도 운동은 물리적으로 같은 현상이야!"

아인슈타인은 이 생각을 바탕으로 뉴턴의 이론으로 설명하지 못했던 현상도 설명하고 싶었어요. 그건 바로 '수성의 이상한 움직임'이었지요. 수성은 태양과 가장 가까이에서 태양 주위를 돌고 있는 행성이에요. 그런데 수성은 공전 궤도가 고정되어 있지 않고 조금씩 움직였어요. 사람들은 뉴턴의 만유인력 법칙을 사용하여 이 현상을 설명하려고 했지만, 도저히 설명할 수 없었어요. 뉴턴을 포함해서 지금까지 그 어떤 과학자도 설명하지 못했던 문제에 아인슈타인이 도전장을 내민 거예요. 하지만 이는 생각보다 만만치 않은 일이었어요.

"일단 태양과 수성이 있고 금성과 지구가 있지. 다른 행성도 계산해야 하는데…… 아, 너무 복잡해. 어떻게 계산해야 할지 모르겠어!"

아인슈타인은 결국 두 손을 들고 말았어요. 수성의 독특한 궤도 운동을 정확히 설명하려면 일반 상대성 이론을 표현하는 방정식이 필요했어요. 그리고 이 방정식을 찾으려면 더 깊은 수학적인 지식이 필요했지요. 그는 고개를 절레절레 흔들었어요.

"지금 내 실력으로는 어림없어. 특수 상대성 이론과는 비교가 되지 않을 정도로 어려워. 이 문제를 해결하려면 먼저 수학 공부부터 해야겠어."

일반 상대성 이론 연구에 몰입해 있을 무렵, 아인슈타인은 대학교수가 되고 싶다는 생각이 간절해졌어요. 특허청에서는 도저히 이 어려운 연구를 진행할 만큼 시간을 낼 수 없었기 때문이에요.

'교수가 되면 특허청에서보다 훨씬 자유롭게 많은 시간을 연구에 투자할 수 있을 텐데……'

대학교수가 되는 길

아인슈타인은 특수 상대성 이론을 발표하고 나서 머지않아 대학교수가 될 수 있을 거라고 기대했어요. 그러나 대학교수가 되는 길은 쉽게 열리지 않았어요. 막스 플랑크와 같은 유명한 물리학자가 자신을 인정하기는 했지만, 다른 과학자들이 아인슈타인의 특수 상대성 이론을 이해하기까지는 꽤 많은 시간이 걸렸기 때문이지요.

아인슈타인은 1905년부터 1909까지 특수 상대성 이론에 대한 생각을 정리하고 다른 과학자들의 질문과 비판에 답을 하기 위해 무려 20편이나 되는 논문을 발표했어요.

그러면서 아인슈타인은 가만히 앉아 기다리고 있지만은 않았어요. 교수가 되고 싶다는 열망으로 막스 폰 라우에, 헨드릭 로렌츠 등의 당시 유명했던 과학자들에게 편지를 보내 자신의 특수 상대성 이론을 알렸어요.

그리고 특허청에 계속 다니면서 시간 강사 일부터 구해 보기로 마음먹었어요. 시간 강사는 교수처럼 연구는 할 수는 없고 대학에서 학생들을 대상으로 수업만 하는 사람을 말해요. 1908년 2월 아인슈타인은 마침내 베른 대학교에서 시간 강사로 일할 수 있게 되었어요.

하지만 이는 아인슈타인에게 더 큰 부담으로 다가왔어요. 베른 대학교의 시간 강사 일은 원외 강사로, 특허청 근무가 끝난 후에 밤 시간을 이용해 강의해야 했기 때문이에요. 원외 강사는 봉급을 학생들로부터 받았어요. 그러니까 수강 학생 수에 따라 봉급이 달라지는 거예요. 1908년 4월 아인슈타인이 개설한 열역학 강좌를 듣는 학생 수는 고작 3명이었어요. 결국 돈벌이도 되지 않을 뿐만 아니라 특허청 퇴근 후에 연구할 수 있던 시간마저 줄어들어 버렸어요.

아인슈타인은 낮에는 특허청에서 근무하고 밤에는 강의를 하거나 강의 준비를 했어요. 집에 돌아와서는 아이를 돌보기도 했어요. 틈틈이 일반 상대성 이론에 대한 연구도 계속했어요. 이때부터 아인슈타인의 외모가 조금씩 변하기 시작했어요. 아인슈타인에겐 외모를 신경 쓸 만한 시간이 전혀 없었어요. 곧 수염이 얼굴을 뒤덮었고, 머리카락은 바람 부는 대로 이리저리 헝클어졌지요. 그리고 이 헝클어진 머리는 의도치 않게 아인슈타인을 상징하는 모습이 되었답니다.

이렇게 정신없이 바쁘게 살아가던 중에 드디어 아인슈타인에게 기회가 찾아왔어요. 스위스의 취리히 공과대학에 물리학 교수 자리가 생긴 거예요. 아인슈타인은 용기를 내서 취리히 대학에 지원

아인슈타인의 상징이 된 헝클어진 머리

서를 냈어요. 주위 사람들은 아인슈타인에게 이렇게 충고했어요.

"아인슈타인. 너무 기대는 하지 말게."

"내가 과거에 조교 자리도 얻지 못해서 그런 말을 하는 건가? 아니면 베버 교수가 아직 나에 대해서 나쁘게 말하고 있나?"

"그게 아닐세. 이미 대학에서는 그 자리에 앉힐 사람을 정해 둔 모양이야. 3년 동안 취리히 공과대학에서 조교로 일한 아들러라는 사람이지."

"그렇군."

"그뿐만이 아니야. 그 친구 아버지는 유럽에서 존경을 받는 유명한 인사라고 하더군."

아인슈타인은 실망했지만 어쩔 수 없었어요. 그런데 놀라운 일이 일어났어요. 뜻밖에도 아인슈타인이 취리히 공과대학의 교수가 된 거예요. 알고 보니 교수로 내정되어 있었던 아들러가 물리학 교수로 아인슈타인을 강력하게 추천한 거예요. 아들러는 사실 대학을 다닐 때부터 아인슈타인을 잘 알고 있었어요. 아인슈타인이 발표한 특수 상대성 이론에 대해서도 관심이 많았지요. 그래서 취리히 공과대학의 교수로 자신보다 아인슈타인이 적임자라고 생각했어요.

"아인슈타인은 저와 비슷한 시기에 같이 대학을 다녔던 친구입니다. 그는 누구보다 뛰어난 학생이었어요. 지금 아인슈타인이 이룬 것을 보세요. 아인슈타인 같은 위대한 과학자가 특허청 사무실에 앉아 있는 것은 이 대학의 수치이고 이 나라의 수치입니다."

그렇게 해서 1909년 아인슈타인은 마침내 7년간의 특허청 생활을 마무리하고 다시 취리히 공과대학으로 돌아올 수 있었어요. 우여곡절이 많았지만 아인슈타인은 그간 특허청에서의 생활을 즐겁고 행복한 시간으로 기억하며 친구 베소에게 편지를 보냈어요.

> 그곳에서 보낸 날들은 내게 정말 소중한 시간이었네.
> 내가 아름다운 생각들을 붙잡았던 곳이었고,
> 우리가 그토록 즐거운 시간을 함께 보낸 곳이었지.

가르치며 연구하기

아인슈타인은 취리히 공과대학에서 학생들을 가르치며 본격적으로 일반 상대성 이론을 파고들 생각이었어요. 하지만 얼마 지나지 않아 아인슈타인은 생각보다 많은 시간을 연구에 투자할 수 없다는 사실을 깨달았어요. 처음 아인슈타인에게 배정된 강의는 역학 강의가 1주일에 4시간, 열역학 강의가 2시간이었어요. 다른 교수들보다 많은 편이었지요. 또 매주 물리학 세미나를 열어야 했고, 강의를 준비하는 데에도 많은 시간이 들었어요. 아인슈타인은 다른 과학자들이 쓴 교과서는 물론, 최근에 발표된 논문들까지도 샅샅이 뒤지며 정보를 수집하고 자료를 검토했어요. 집으로 돌아와서도 강의 준비에 몰두했지요.

첫 강의가 시작되고 아인슈타인이 강의실에 들어오자 학생들은 그의 모습을 보고 놀랐어요. 그는 낡은 겉옷과 발목이 드러날 정도로 짧은 바지를 입고 헝클어진 머리를 한 채 싸구려 시곗줄을 달랑거리며 들어왔어요. 또 손에는 메모지 몇 장만 들려 있을 뿐이었어요. 강의하는 방식도 다른 교수와는 전혀 달랐어요. 자세히 설명하는 부분도 있었지만, 중간중간 학생들에게 질문하는 경우가 많았지요.

"이 이론을 이해하기 위해서는 필요한 수학식이 있네. 그런데 나는 잘 보이지 않는군. 이 수학식에 대해서 말해줄 수 있는 사람이 있나?"

아무도 손을 들지 않자, 아인슈타인은 이렇게 말했어요.

"좋아. 그럼 이 부분은 남겨 두고, 결과부터 하나하나 따져 보면서 어떤 수학식이 필요한지 알아보기로 하지."

아인슈타인의 수업은 마치 '올림피아 아카데미'에서 토론을 하는 것과 똑 닮아 있었어요. 그는 학생들에게 질문을 던지고, 함께 토론하고, 의견을 교환하기를 주저하지 않았지요. 학생들은 처음에 아인슈타인의 이런 수업 방식이 낯설고 이상해 보였어요. 하지만 시간이 지날수록 점점 그의 독특한 수업에 빠져들기 시작했답니다. 학생들은 수업 중 언제든지 손을 들고 질문을 할 수 있었어요. 수업이 끝나면 아인슈타인은 학생들 몇몇을 데리고 카페에 가서 계속 토론을 이어나가기도 했어요.

눈코 뜰 새 없이 바쁜 건 특허청 시절이나 매한가지였지만 아인슈타인은 최신 학문을 마음껏 접하고 많은 사람과 학문적 견해를 교환할 수 있다는 사실이 무척 행복했어요. 그리고 이 풍요로운 학문의 바다 한가운데에서 다른 사람들의 시선을 의식하지 않고 단단한 바위처럼, 그리고 굳건히 뿌리 내린 커다란 나무처럼 꾸준히 연구했어요. 이런 노력 때문이었을까요? 아인슈타인의 연구는 다른 과학자들의 입에 오르내리기 시작했어요. 예전에 아인슈타인에게 편지를 보냈던 베를린 대학의 플랑크 교수는

직접 특수 상대성 이론 강좌를 개설하기도 했어요. 아인슈타인과 같은 학교에 재직 중인 수학과 교수 민코프스키는 아인슈타인의 특수 상대성 이론을 수학적으로 더욱 발전시키기도 했답니다.

교수로 채용된 지 몇 개월이 훌쩍 지났어요. 1909년 9월 아인슈타인은 처음으로 국제 물리학 회의에 참석했어요. 거기서 자신이 연구한 이론들과 앞으로 물리학이 나아갈 방향에 대해서 거침없이 발표했어요. 이 강연 이후, 아인슈타인은 많은 과학자에게 실력 있는 물리학자로 인정받게 되었

어요.

1909년은 아인슈타인에게 여러 가지로 중요한 해예요. 아인슈타인이 정식으로 교수가 된 해이기도 하고, 세계적인 과학자들 사이에서 인정을 받은 해이기도 해요. 또 10월에는 세계 최고 권위인 노벨 물리학상 후보가 되기도 했어요. 그해에 노벨상을 받지는 못했지만 아인슈타인의 능력과 천재성을 뒤늦게 알아본 과학자들은 이후로도 계속해서 아인슈타인을 노벨상 후보로 추천했답니다.

아인슈타인의 업적이 세상에 알려지면서 아인슈타인에게 더 좋은 기회가 찾아왔어요. 체코 프라하 대학으로부터 교수로 와 달라는 제의를 받은 거예요. 연봉은 취리히 대학의 2배였고 강의 시간을 줄여 연구할 시간을 최대한 많이 주겠다는 약속까지 했어요. 그야말로 파격적인 조건이었지요. 아인슈타인이 취리히 대학에 온 지 2년 만에 대학을 떠날지도 모른다는 소문이 퍼지자, 취리히 대학의 물리학과 학생들이 스위스 교육부에 탄원서를 냈어요.

"이대로 아인슈타인 교수님을 보낼 수는 없어요. 복잡한 물리 이론을 교수님처럼 명확하게 설명하시는 분은 지금까지 본 적이 없습니다."

"아인슈타인 교수님의 강의는 정말 놀랍습니다. 누구나 그의 강의를 들으면 우리가 왜 이러는지 충분히 이해할 수 있을 겁니다."

아인슈타인은 고민에 빠졌어요. 자신을 이토록 원하는 학생들을 외면하기란 쉽지 않은 일이었어요. 게다가 취리히 대학은 자신이 졸업한 학교이기도 했으니 애정도 남달랐어요. 반면에 그는 많은 시간을 투자해 일반 상대성 이론을 연구하고 싶다는 생각도 간절했어요.

밀레바 역시 프라하로 가는 것이 좋겠다고 했어요. 당시 밀레바는 둘째를 임신하고 있었는데, 둘째가 태어난다면 지금보다 더 힘든 생활을 해야 하는 것은 불 보듯 뻔했어요.

깊은 고민 끝에 아인슈타인은 밀레바의 생각을 따르기로 했답니다. 1911년 3월, 아인슈타인은 프라하 대학으로 자리를 옮겼어요. 프라하에서의 생활은 생각만큼 좋지 않았어요. 수돗물은 갈색 빛깔을 띠고 있어서 도저히 마실 수 없을 정도였어요. 요리를 할 때 항상 길가의 분수대에서 물을 길어 온 다음 끓여서 사용해야 했지요. 집안에는 빈대와 벼룩이 어찌나 많은지 아인슈타인과 밀레바는 7살이 된 첫째와 갓 태어난 둘째가 병이라도 걸릴까 노심초사했어요.

한 가지 좋은 점이 있다면 이제 연구할 시간이 많아졌다는 거예요. 그 덕분일까요? 마침내 아인슈타인은 일반 상대성 이론에 대한 방정식을 만드는 데 성공했어요. 그리고 1911년 6월, 자신이 만든 방정식을 이용한 새로운 연구 결과를 발표했어요. 그는 태양의 중력 때문에 태양 근처를 지나는 빛이 휘어질 거라고 예측했어요.

"제가 연구하고 있는 일반 상대성 이론에 따르면 태양 근처를 지나가는 빛은 0.83초만큼 휘어질 것입니다. 천문학자들이 이것을 확인해 주시길 바랍니다."

어떤 이론이나 예측이 과학계에서 완전하게 받아들여지려면 반드시 실험이나 관측으로 검증하는 과정을 거쳐야만 해요. 아무리 수학적으로 완벽하다 하더라도 그것을 실제로 증명할 수 없다면 그 누구도 확실하게 '그렇다'고 말할 수 없기 때문이에요.

독일의 젊은 천문학자인 에르빈 프로인틀리히가 아인슈타인의 논문을 읽고 그의 이론을 직접 확인해 보기로 마음먹었어요. 프로인틀리히는 과연 아인슈타인의 일반 상대성 이론을 검증할 수 있었을까요?

만유인력 법칙과 상대성 이론

1667년 아이작 뉴턴이 만유인력 법칙을 발견하면서 근대 과학은 크게 발전했어요. 만유인력의 법칙은 혜성의 운동과 같은 천체의 움직임부터 지상의 모든 물체의 운동까지 설명하며 인류가 자연과 우주를 이해할 수 있는 기반을 마련해 줬어요. 이 법칙은 무려 200년 이상 과학자들에게 변하지 않는 진리로 받아들여졌답니다. 그런데 19세기에 들어서면서 뉴턴의 만유인력 법칙이 전자기 세계에서는 잘 적용되지 않는다는 점이 밝혀졌어요. 이 문제를 해결한 것이 바로 아인슈타인의 상대성 이론이었어요.

아이작 뉴턴

1905년 아인슈타인은 특수 상대성 이론을 발표하며 '시간과 공간은 절대 변하지 않는다'는 사실을 바탕으로 한 뉴턴의 이론이 잘못되었음을 밝혀냈어요. 또 1917년에는 일반 상대성 이론을 통해 중력의 개념을 시공간의 휘어짐으로 설명했어요. 아인슈타인은 일반 상대성 이론을 이용해서 당시에 만유인력의 법칙으로 설명하지 못했던 수성의 움직임과 빛의 휘어짐까지 정확하게 예측하기도 했어요. 또한, 훗날 만유인력의 법칙으로는 설명할 수 없었던 우주의 탄생과 그 기원에 대해서도 많은 부분을 밝히게 되었답니다.

- 불행한 과학자 프로인틀리히
- 어려운 일반 상대성 이론
- 실패를 딛고 진리를 발견하다
- 뉴턴의 개념이 뒤집히다
- 진리를 사랑한 과학자

새로운 지식 창조로 과학 혁명을

우주의 비밀을 밝히다 4

일반 상대성 이론을 검증하고 이를 이용해 우주의 비밀을 밝히는 일은 결코 쉬운 일이 아니었어요. 아인슈타인의 일반 상대성 이론을 증명하는 과정은 마치 한 편의 영화와도 같았답니다. 영화의 주인공은 물론 아인슈타인이었지만, 그에 버금가는 큰 역할을 해낸 빛나는 조연들도 있었기에 가능한 일이었어요. 일반 상대성 이론이 관측으로 증명된 후, 아인슈타인은 사람들로부터 영화 주인공보다 더 큰 인기와 사랑을 받았답니다.

불행한 과학자 프로인틀리히

"태양 근처를 지나가는 빛은 0.83초만큼 휘어질 것입니다."

아인슈타인은 논문을 통해 예측한 사실이 맞는지 직접 검증해 보고 싶었어요. 이를 확인하는 방법은 하나밖에 없었어요. 태양 주위의 별빛이 정말 휘어지는지 관찰하는 것이었지요. 만약에 태양의 뒤쪽에 있어서 보이지 않아야만 하는 별빛이 지구에서 관측된다면 별빛이 태양의 중력에 의

해 휘어진 것이라고 볼 수 있어요. 이는 아인슈타인의 일반 상대성 이론이 옳다는 것을 의미하지요. 그러나 낮 동안에는 태양 주위가 너무 밝아서 근처의 별을 도저히 볼 수가 없을 거예요. 태양 주위의 별을 관찰하는 다른 방법은 없을까요?

　아인슈타인은 그 방법을 알고 있었어요. 바로 개기 일식을 이용하는 거예요. 개기 일식은 달이 태양을 완전히 가려 낮에도 밤처럼 캄캄해지는 현상을 말해요. 일식 때라면 태양 주변 별빛을 관측할 수 있을 거예요.

　하지만 개기 일식은 관측하기가 매우 어렵답니다. 개기 일식은 전 세계

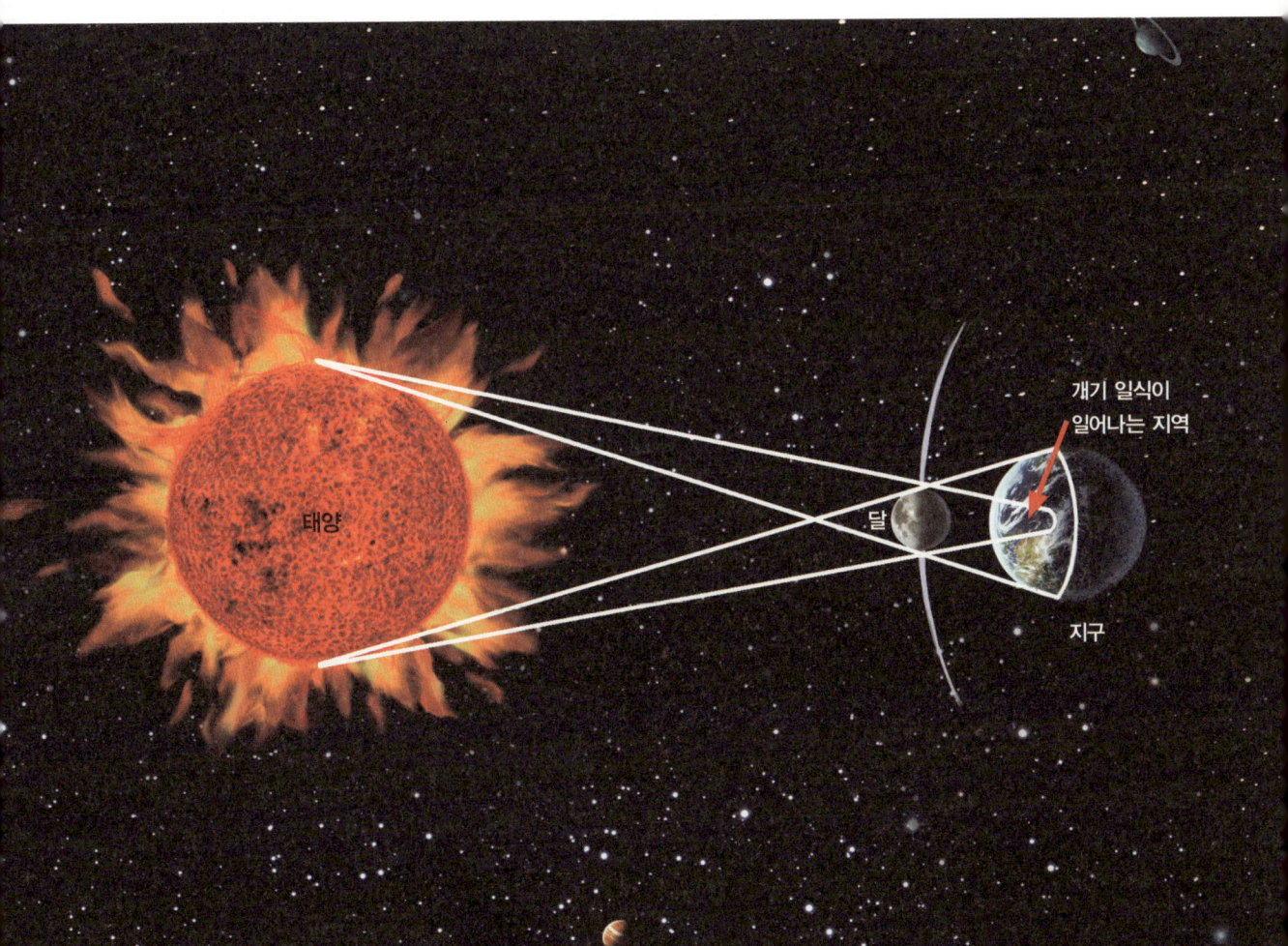

적으로 몇 년에 한 번씩 일어나고, 개기 일식은 어디에서나 볼 수 있는 것이 아니라 지구상의 특정한 장소에서만 볼 수 있거든요. 게다가 일식을 볼 수 있는 시간은 단 5분 정도밖에 되지 않고, 운 좋게 시기가 맞아떨어진다고 해도 그 날 구름이 끼거나 비가 온다면 관측할 수 없어요. 따라서 아인슈타인의 일반 상대성 이론을 검증하기 위해서는 몇 년에 한 번 개기 일식이 일어날 때 그 장소로 관측 탐험대를 보내는 수밖에 없어요. 다행히도 아인슈타인의 일반 상대성 이론을 직접 확인해 보고 싶어 하는 사람이 나타났어요. 바로 독일의 젊은 천문학자 에르빈 프로인틀리히였어요.

'아인슈타인 교수님, 저는 일반 상대성 이론에 매우 관심이 많습니다. 교수님께서 논문을 통해서 발표한 이론과 그 예측이 맞는지 제가 직접 확인해 보고 싶습니다. 비용은 걱정하지 마십시오. 제가 속해 있는 프로이센 천문대를 설득해 보겠습니다.'

프로인틀리히의 편지를 받은 아인슈타인은 자신의 이론을 확인하겠다는 젊은 천문학자가 반갑고 고마웠어요. 프로이센 천문대는 많은 돈이 들기는 하지만, 일반 상대성 이론을 확인하는 건 중요한 작업이라는 생각에 지원하기로 했어요.

다음 개기 일식은 1914년 8월 21일로, 당시 러시아가 지배하고 있던 우크라이나의 크림 반도 지역에서 일어날 예정이었어요. 프로인틀리히는 관측 여행을 위해 오랜 준비를 했고, 마침내 크림 반도로 가는 배에 올랐어요. 몇 주 후에 프로인틀리히의 관측 탐험대는 무사히 개기 일식이 일어날 지역에 도착할 수 있었어요.

그런데 불행한 일이 생기고 말았어요. 일식을 관찰하기 며칠 전에 독일이 러시아에 *선전 포고를 하며 1차 세계 대전이 일어난 거예요! 독일인이었던 프로인틀리히는 결국 간첩 혐의로 러시아 군인에게 붙잡혔고, 모든 장비를 빼앗긴 채 감옥으로 보내졌어요. 감옥에 갇힌 그는 눈앞이 깜깜했어요. 어떻게든 여기서 나가야 한다는 생각뿐이었지요. 그는 철창을 부여잡고 러시아 군인들에게 말했어요.

"저희는 일반 상대성 이론을 확인하기 위해 온 과학자들입니다. 첩자가 아니라고요! 제발 여기서 내보내 주세요."

---

*선전 포고 한 나라가 다른 나라에 대해 전쟁을 시작한다는 것을 알림.

하지만 군인들이 일반 상대성 이론을 알 리가 없었어요.

"거참, 계속 무슨 헛소리를 하는 거야? 당신들은 성능 좋은 망원경과 카메라를 가지고 있었어! 우리를 정탐하기 위해서 온 것이 분명해."

다행히 프로인틀리히는 며칠 후 포로 교환을 통해 다시 독일로 돌아올 수 있었답니다. 프로인틀리히가 무사히 돌아오자 아인슈타인은 안도의 한숨을 쉬었어요.

"미안하네! 나 때문에 자네 목숨이 위태로울 뻔했어. 무사히 돌아와서 정말 다행이네."

"저는 괜찮습니다. 다만, 일반 상대성 이론을 증명하지 못한 것이 너무나 아쉽습니다. 다음에 기회가 된다면 제가 꼭 증명해 보이고 싶습니다."

이렇게 첫 번째 관측 여행은 완전히 실패로 돌아가고 말았어요. 그런데 프로인틀리히가 별빛을 관측하지 못한 것이 오히려 아인슈타인에겐 다행스러운 일이었어요. 아인슈타인은 그 이후로도 계속해서 일반 상대성 이론을 연구했는데, 그 결과 '별빛이 0.83초 휘어진다.'는 것이 잘못된 예측임을 알았기 때문이에요. 만일 프로인틀리히가 일식을 관측했다면 '0.83초'라는 값이 나오지 않았을 것이고, 그러면 아인슈타인의 이론은 많은 사람에게 틀린 것으로 알려졌을 거예요.

하지만 아인슈타인은 자신이 잘못된 예측을 했다는 것을 부끄러워하지 않았어요. 그는 직접 논문을 발표해 이 사실을 알렸고 잘못된 이론을 바로잡았답니다.

"내가 연구한 것 중에 잘못된 것이 있으면 사람들에게 알려야 해. 그래야 다른 과학자들이 나와 같은 실수를 하지 않을 테니까 말이야."

한편, 상대성 이론은 잘못된 것이라면서 아인슈타인의 논문을 비판하는 과학자도 있었어요. 독일의 이론물리학자인 막스 아브라함은 아인슈타인이 논문을 발표할 때마다 비판했어요. 아인슈타인의 친구는 참다못해 아인슈타인에게 이렇게 말했어요.

"아브라함은 자네의 상대성 이론을 사사건건 비판하고 있어. 내가 봐도 정말 짜증이 난다네. 자네는 오죽하겠는가?"

"나는 아브라함에게 존경을 표하고 싶다네."

"그게 무슨 말인가?"

"아브라함은 무조건 비난만 하는 것이 아니라, 나름의 근거를 가지고 상대성 이론을 비판하고 있다네. 아브라함의 비판을 통해서 나는 내가 하는 연구를 다시 돌아보게 된다네. 지난번 오류에서도 볼 수 있듯 내가 항상 옳은 것은 아닐 테니까 말이야."

이렇게 아인슈타인은 항상 열린 마음으로 주위의 의견과 비판을 받아들였답니다.

어려운 일반 상대성 이론

프로인틀리히가 탐험대를 꾸려 관측 여행에 나서기 2년여 전, 아인슈타인은 여전히 일반 상대성 이론을 표현하는 새로운 수학 방정식을 찾기 위해 노력하고 있었어요. 1911년에 완성했다고 생각했던 방정식에는 많은 오류가 있다는 걸 알았기 때문이지요. 하지만 자신이 가지고 있는 수학적인 지식을 총동원했음에도 커다란 벽에 부딪힌 것만 같았어요.

그러던 중 아인슈타인에게 좋은 제안이 들어왔어요. 1912년 취리히 공과대학에서 다시 교수로 돌아와 달라는 제의가 들어온 거예요. 지금보다 더 많은 연봉은 물론, 강의 시간까지 줄여 주겠다는 조건도 함께 제시했어요. 취리히 대학이 드디어 자신의 과학적 업적을 높이 평가했다는 생각에 아인슈타인은 뛸 듯이 기뻤어요. 이번에는 머뭇거리지 않고 결정했어요.

아인슈타인이 취리히 대학교로 돌아오는 것을 기뻐할 사람들은 가족뿐만이 아니었어요. 취리히 대학교의 학생들도 아인슈타인의 복귀를 환영하며 학교 곳곳에 포스터를 만들어 붙였어요. 그 포스터에는 이런 말이 적혀 있었답니다.

아인슈타인의 이름은 독일어로 '하나의(아인, ein) 돌(슈타인, stein)'이라는 뜻이에요. 따라서 '하나의 돌'은 아인슈타인을 의미하고, '큰 돌'은 그만큼 아인슈타인이 중요한 사람이라는 것을 뜻해요.

아인슈타인이 다시 취리히 대학으로 돌아가기로 한 데에는 또 다른 이유도 있었어요. 그곳엔 자신의 일반 상대성 이론 연구를 도와줄 든든한 친구가 있었

마르셀 그로스만

기 때문이에요. 그 친구란 바로 마르셀 그로스만이었어요. 아인슈타인은 취리히 대학으로 돌아오자마자 수학과 교수이자 학과장인 그로스만을 찾아왔어요.

"그로스만, 잘 지냈나? 자네의 도움이 절실히 필요하네. 도와줄 수 없다는 말은 하지 말게. 만약 자네가 도와주지 않으면 나는 이곳에 그대로 쓰러져 버릴 작정이야."

"하하하, 알베르트! 이게 얼마 만인가! 내가 자네에게 도움이 될 수만 있다면 나야말로 영광이네."

아인슈타인은 일반 상대성 이론을 연구하는 동안 '중력 때문에 공간이 휘어져 있을 것'이라는 기발한 생각을 하고 있었어요. 하지만 아인슈타인이 알고 있는 수학 지식으로는 그 휘어진 공간을 제대로 표현할 수 없었지

요. 그로스만은 아인슈타인에게 최근에 발표된 새로운 수학 이론인 '리만 기하학'을 알려 줬어요. 리만 기하학은 리만이라는 수학자가 '휘어진 공간'을 표현하기 위해 고안한 수학 이론이에요. 이 외에도 그로스만은 아인슈타인에게 도움이 될 만한 여러 수학을 알려 줬어요.

아인슈타인은 이때부터 새로운 수학 이론을 맹렬히 공부했어요. 아인슈타인은 그때까지만 해도 수학이 단지 과학 이론을 설명하기 위한 계산 도구에 지나지 않는다고 생각했어요. 하지만 그건 잘못된 생각이었다는 걸 깨달았어요.

> 이제까지 살면서 이렇게까지 신경을 곤두세운 적은 없었다네. 예전에는 수학이 별로 필요 없다고 생각했어. 하지만 지금 나는 수학에 대해 엄청난 존경심을 갖게 되었지. 일반 상대성 이론에 비하면 특수 상대성 이론은 아이들 장난에 불과하다네.

아인슈타인이 이렇게 말할 정도였으니 일반 상대성 이론을 연구하는 일이 얼마나 어려운 일이었는지 짐작할 수 있겠지요?

사실 특수 상대성 이론은 이전까지 절대적이라고 여겨진 생각을 뒤엎는 획기적인 상상을 하는 게 어려울 뿐, 이를 수학적으로 증명하는 것은 그리 어렵지 않았어요. 특수 상대성 이론에 필요한 수학은 똑똑한 고등학생이면 누구나 이해할 수 있을 정도였지요.

그러나 일반 상대성 이론은 달랐어요. 아인슈타인은 최신 수학 이론을 공부하면서 일반 상대성 이론에 들어맞는 수학 공식을 직접 찾아내야 했어요. 그 과정은 수학 공식을 확인하고 또 확인해야 하는 인내가 필요한 작업이었고, 혹 과정이 잘못되었다면 다시 처음부터 계산해야 하는 지극히 어려운 작업이었어요. 그로스만도 아인슈타인 곁에서 수학 계산을 도와주었어요.

오류가 없는 완벽한 방정식이 완성되었다는 판단이 들 때도 있었지만, 아인슈타인은 예전처럼 잘못된 방정식을 구하지 않기 위해 매우 조심스럽게 접근했어요.

"이 방정식이 맞는지 다시 한번 확인을 해야겠어. 또다시 틀리면 안 돼. 이번엔 좀 더 신중해야 해."

며칠 동안이나 열심히 계산하던 아인슈타인의 얼굴은 또다시 구겨진 종이처럼 일그러지고 말았어요.

"아! 틀렸어. 실패야. 다시 계산해 보니 맞지 않아! 대체 어디서부터 잘못된 걸까?"

아인슈타인은 눈을 들어 밤하늘을 바라봤어요. 아인슈타인의 머릿속과는 달리 밤하늘은 고요하고 평온해 보였어요. 아인슈타인은 깊은 절망감에 빠졌어요. 자신의 이론에 대한 믿음이 조금씩 흔들리고 있다는 걸

느꼈어요. 그로스만 역시 어떻게 해야 할지 막막했지요. 아인슈타인의 연구는 칠흑같이 어두운 밤하늘처럼 아무것도 보이지 않는 상태였어요. 우주라는 거대한 벽이 아인슈타인을 짓누르는 것만 같았어요.

실패를 딛고 진리를 발견하다

아인슈타인이 취리히 대학으로 돌아온 지 1년이 지난 1913년 7월이었어요. 베를린 대학의 물리학자인 막스 플랑크 교수와 화학자 발터 네른스트는 아인슈타인을 만나기 위해 취리히행 기차에 올랐어요. 막스 플랑크는 예전에 아인슈타인의 특수 상대성 이론을 처음 알아보고 아인슈타인에게 편지를 보냈던 사람이에요. 그들은 대체 왜 취리히에 있는 아인슈타인을 만나러 간 걸까요?

앞에서 이야기한 것처럼 과학계는 1909년부터 아인슈타인을 주목하기 시작했어요. 그해에 열렸던 국제 물리학 회의에서 아인슈타인은 자신이 뛰어난 물리학자라는 사실을 유감없이 증명했지요. 그 이후로 아인슈타인은 매년 노벨 물리학상 후보에 올랐고, 곧 노벨상을 받게 될 거라는 소문까지 나돌았어요.

한편, 1911년에는 '제1차 국제 솔베이 회의'가 열렸어요. 솔베이 회의는 벨기에의 기업가이자 화학자인 솔베이가 유명한 물리학자 몇 명을 초대해서 토론하는 세계 최초의 국제적인 물리학 학회였어요. 그 모임에 초청을 받는 것은 과학자로서 큰 영광이었지요. 1차 솔베이 회의에서 가장 나이가 어린 과학자가 바로 아인슈타인이었어요. 그만큼 아인슈타인은 과학계에서 그 실력을 인정받고 있었던 거예요.

과학계에서 아인슈타인의 명성이 날로 높아지자 독일에서는 아인슈타

제1차 솔베이 회의. 오른쪽 두 번째가 아인슈타인이다.

인을 독일로 데려오고 싶어 했어요. 이에 몇몇 과학자들은 이 일을 두고 토론까지 열었답니다.

"저는 아인슈타인을 독일로 데려오는 것에 찬성합니다. 그는 현재 세계 최고의 물리학자라고 해도 과언이 아닙니다."

"저 역시 동의합니다. 그러나 아인슈타인은 15살에 독일에서 쫓겨나다시피 했어요. 아인슈타인을 데려오는 건 결코 쉬운 일이 아닐 겁니다."

"그렇습니다. 물론 독일 시민권을 포기한 건 아인슈타인의 선택이었지만, 유대인인 그가 독일을 좋게 생각할지는 의문이군요."

이에 막스 플랑크가 말했어요.

"여러분들의 말은 일리가 있습니다. 하지만 아인슈타인이 독일에서 태어나고 자랐다는 사실에는 변함이 없습니다. 잘 준비해서 진심으로 그를 대한다면 아인슈타인의 마음을 움직일 수 있을지도 모르지요. 저와 네른스트가 그를 설득해 보겠습니다."

아인슈타인은 플랑크와 네른스트가 자신을 만나기 위해 기차에 올랐다는 소식을 들었어요.

'대체 무슨 일이지? 왜 나를 만나기 위해 여기까지 오는 걸까?'

영문도 모른 채 아인슈타인은 취리히 역에서 두 사람을 반갑게 맞이했어요. 그리고 두 사람을 자신의 연구실로 데리고 갔어요. 연구실에 도착하자 플랑크가 입을 열었어요.

"아인슈타인 교수, 자네도 알다시피 베를린 대학교는 세계 최고의 대학일세. 자네를 베를린 대학교의 교수로 초대하고 싶네. 베를린 대학교, 아니 독일은 자네가 꼭 필요하다네."

옆에 앉아 있던 네른스트가 말을 이었어요.

"연봉은 취리히 대학보다 많은 12,000프랑을 주겠네. 베를린 대학에서는 강의도 전혀 할 필요가 없어. 그저 연구만 하면 되네. 또한, 과학 아카데미 회원의 자리를 주겠네. 그리고 2년 전에 설립한 카이저 빌헬름 과학 연구소의 소장직도 주겠네."

플랑크와 네른스트는 아인슈타인을 데려오기 위해 여러 가지 제안을 했지만, 아인슈타인은 고개를 천천히 지었어요.

"저는 돈과 자리에는 관심이 없습니다. 지금 저의 관심은 일반 상대성 이론을 완성하는 것뿐입니다."

그러자 플랑크가 조심스럽게 말을 꺼냈어요.

"흠, 자네가 상대성 이론을 연구하고 있다는 것은 잘 알고 있네. 그런데 아인슈타인 교수, 그 연구는 지금 잘 되고 있나?"

아인슈타인은 마치 아픈 곳을 찔린 것처럼 얼굴을 잠시 찡그렸어요.

"글쎄요. 쉽지 않습니다. 아니 솔직히 말씀드리면 정말 어려운 일이에요."

"그렇겠지. 그 연구가 얼마나 어려운지는 나도 잘 알고 있네. 이런 말 하긴 좀 그렇지만 취리히 공과대학은 자네도 알다시피 일류 대학은 아닐세. 하지만 베를린 대학은 달라. 우리의 제안을 받아들인다면 세계 최고의 과학자들의 도움을 받으며 연구를 계속할 수 있을 거야."

세계 최고의 대학에서 과학자들의 도움을 받으며 일반 상대성 이론을 연구할 수 있다는 제안은 아인슈타인의 마음을 흔들기에 충분했어요. 하지만 20년 전 그리 즐겁지 못한 기억을 가지고 독일을 떠나왔던 아인슈타인에게는 생각할 시간이 필요했어요. 아인슈타인은 두 사람에게 이렇게 말했어요.

"플랑크 교수님, 그리고 네른스트 교수님. 이곳에서 멀지 않은 곳에 저기 보이는 산 정상까지 가는 톱니 궤도식 열차가 있습니다. 여기까지 오셨으니 열차를 타고 산 정상까지 다녀오는 것도 나쁘지 않을 겁니다."

아인슈타인이 엉뚱한 제안을 하자 플랑크가 물었어요.

"그건 무슨 뜻인가?"

"두 분의 제안을 쉽게 결정하기가 어렵군요. 다녀오시는 동안 저는 조금 더 고민해 보겠습니다. 돌아오셨을 때 제가 만일 빨간 장미를 들고 있으면 승낙하는 것이고, 흰 장미를 들고 있으면 거절하는 것으로 생각해 주십시오."

두 사람은 짧은 관광을 떠났고 아인슈타인은 생각에 잠겼어요. 이런저런 고민 끝에 마침내 아인슈타인은 마음속으로 결정을 내렸어요. 과연 그는 어떤 색깔의 장미를 들고 있었을까요?

얼마 후 산에서 내려온 플랑크와 네른스트는 아인슈타인을 보고 환하게 미소를 지었어요. 아인슈타인은 빨간 장미를 들고 서 있었어요.

1914년 1월, 아인슈타인과 가족들은 베를린으로 가는 기차에 몸을 실었답니다. 아인슈타인은 베를린 대학교에서 당시 세계 최고의 물리학자와 수학자들과 교류하면서 연구를 계속했어요. 하지만 그는 벌써 몇 년째 실패를 거듭하고 있었답니다.

'이번에는 틀림없다고 생각했는데…… 대체 어디서부터 잘못된 걸까?'

아인슈타인은 옆에 있던 바이올린을 들었어요. 그는 연구가 잘 되지 않거나 힘들 때마다 바이올린을 연주했어요. 연주를 마친 아인슈타인은 다시 펜을 들었어요. 짓누르는 좌절감과 부담감, 계속되는 실패에도 포기하지 않고 또다시 연구를 시작했답니다. 그의 집념과 열정은 무서울 정도였지요.

아인슈타인은 예전에 취리히 대학에서 그로스만과 같이 연구했던 일을 떠올렸어요. 그리고 당시에 무거운 마음으로 포기했던 것을 바탕으로 새로운 방정식을 만들었어요. 그는 이번에도 자신이 만든 방정식이 물리적으로, 또 수학적으로 옳은지 검토했어요. 그에겐 가장 긴장되는 순간이기도 했어요. 그는 수성의 독특한 궤도 운동을 설명하기 위해 밤낮을 가리지 않고 계산에 몰두했고, 마침내 그의 계산은 완벽하게 맞아떨어졌어요. 아인슈타인은 믿을 수 없어 계산하고 또 계산했어요. 그럴 때마다 아인슈타인이 새로 발견한 방정식은 수성의 수상한 움직임을 수학적으로 완벽하게 설명하고 있었어요. 드디어 아인슈타인이 일반 상대성 이론을 완성한 거예요!

"드디어 해냈어! 일반 상대성 이론을 완성했다고!"

아인슈타인은 자신이 만든 방정식을 물끄러미 바라봤어요. 종이 위에 또렷하게 적혀 있는 숫자와 기호가 아름답게 느껴졌어요. 가슴 속에 커다란 기쁨이 차오르는 것도 느낄 수 있었지요.

1915년 11월 14일, 아인슈타인은 이 방정식을 과학 아카데미 회원들 앞에서 발표했어요. 1916년 11월에는 〈일반 상대성 이론의 기초〉라는 제목의 논문을 발표했지요. 아인슈타인이 일반 상대성 이론을 연구한 지 꼬박 10년 만의 일이었어요.

이 논문에서 아인슈타인은 중력은 물체를 끌어당기는 힘이 아니라, 공간이 휘어 있기 때문에 생기는 것이며, 공간이 휘기 때문에 물체의 운동이 일어난다고 설명했어요. 쉽게 말해

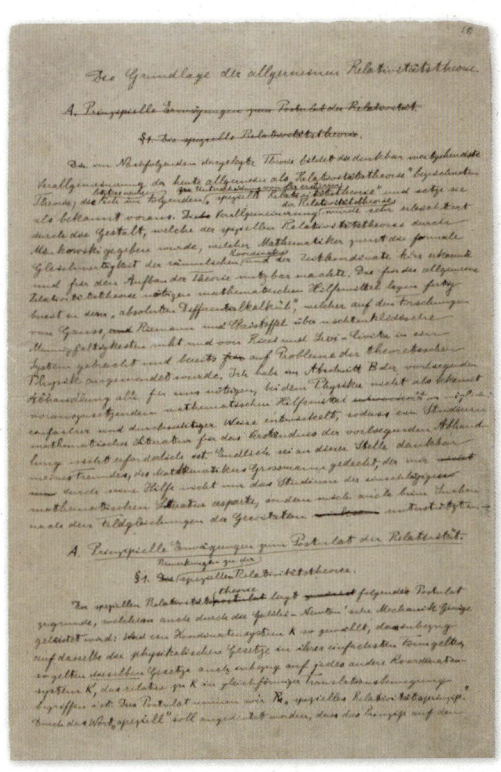

일반 상대성 이론에 대한 논문 첫 페이지

가장자리에 야구공이 놓여 있는 트램펄린의 중앙에 볼링공처럼 무거운 물체를 놓으면 야구공은 트램펄린의 곡면을 따라 볼링공 쪽으로 이동할 거예요. 이게 바로 중력이 작용하는 원리라는 거예요.

또 아인슈타인은 일반 상대성 이론을 설명하는 방정식을 이용해서 태양 근처에서 별빛이 휘어지는 각도를 다시 계산했어요. 예전에 계산했을 때는 0.83초였지만, 이번에 완성한 방정식으로 계산해 보니 1.7초가 나왔어요. 그는 당당하게 자신의 오류를 인정하고 새로운 연구 결과를 과학자들에게 알렸어요.

"제가 예전에 발표했던 0.83초는 잘못된 값입니다. 태양 근처를 지나는 별빛은 1.7초 휘어질 것입니다. 천문학자들이 이것을 꼭 확인해 주길 바랍니다."

이제 아인슈타인의 일반 상대성 이론은 관측을 통한 증명만이 남았어요. 그리고 이번에는 아서 에딩턴이라는 천체 물리학자가 이를 확인하기 위해 나섰답니다.

뉴턴의 개념이 뒤집히다

1914년, 독일의 천문학자 프로인틀리히가 상대성 이론을 검증하기 위한 관측 여행을 떠났다가 러시아군에 포로로 잡힌 적이 있었지요. 그는 1916년에 아인슈타인이 〈일반 상대성 이론 기초〉라는 논문을 발표하자 이번에도 탐험대를 꾸려 관측 여행을 떠났어요.

이번에는 지난번과는 검증 방법이 조금 달랐어요. 그는 쌍둥이별 관측을 통해서도 일반 상대성 이론을 증명할 수 있을 것으로 생각했어요. 프로인틀리히는 이 사실을 아인슈타인에게 알렸고, 아인슈타인은 그에게 성공을 빌어 주었어요. 하지만 안타깝게도 별의 질량을 잘못 측정하는 바람에 성공하지는 못했어요.

프로인틀리히는 다시 도전하기로 마음먹었어요. 이번에는 목성을 이용할 생각이었지요. 목성은 태양계에서 태양 다음으로 중력이 강한 천체이기 때문에 목성 근처에서도 별빛이 휘는지 확인할 수 있을 거라고 생각했어요. 그러나 이번에는 프로이센 천문대가 허락하지 않았어요.

한편, 다음 개기 일식은 1919년 5월 29일 대서양 한가운데에서 일어날 예정이었어요. 아인슈타인의 일반 상대성 이론을 검증할 절호의 기회였지요. 영국의 그리니치 천문대에서는 이를 위해 탐험대를 모집했어요. 프로인틀리히는 이 탐험에도 함께 하고 싶었어요. 하지만 당시 영국과 독일은 1차 세계 대전으로 인해 서로 적국이 되어 치열하게 싸우는 중이었기 때문에 독일인인 프로인틀리히는 탐험대에 들어갈 수 없었어요.

이때 영국에서 탐험대를 준비하던 사람이 바로 아서 에딩턴이라는 천체 물리학자였어요. 그런데 영국 과학자들은 에딩턴의 관측 탐험을 격렬하게 반대했어요.

아서 에딩턴

"아인슈타인은 독일에서 태어났고 현재 독일 베를린 대학의 교수를 지내고 있습니다. 독일군은 지금도 전쟁터에서 수많은 영국 청년들을 향해 총구를 겨누고 있습니다. 독일은 원수의 나라입니다! 왜 우리가 원수의 나라 과학자를 위해 이렇게 많은 장비와 돈을 사용해야 합니까?"

"맞아요. 에딩턴, 당신이 무슨 일을 하고 있는지 정확히 알고 있는 겁니까? 아인슈타인은 지금 영국의 위대한 과학자인 뉴턴의 만유인력의 법칙에 오류가 있다고 주장하고 있어요. 당신은 독일인들이 우리의 얼굴에 침을 뱉는 걸 도와주려는 겁니다! 이게 말이 됩니까?"

이에 에딩턴이 말했어요.

"흥분을 조금만 가라앉혀 주세요. 물론 지금 우리는 독일과 전쟁 중입니다. 하지만 진리란 무엇인가요? 진리는 누구에게나 같은 것입니다. 진리는 국가와 민족을 넘어서는 것입니다."

그러자 당시 영국 천문학계에서 가장 영향력 있는 과학자이자 그리니치 천문대 대장인 프랭크 다이슨도 에딩턴을 지원했어요.

"에딩턴 말이 맞습니다. 비록 독일 과학자의 연구라 할지라도 그 내용이 진리라면 국가를 넘어서서 누군가가 반드시 확인해야 합니다. 그것이 바로 과학자들이 해야 할 일이지요."

하지만 영국 천문학자의 반대보다 더 큰 문제가 있었어요.

"진리라……. 좋습니다. 그 진리를 위해 우리가 개기 일식이 일어나는 곳까지 탐험대를 보낸다고 칩시다. 만약에 독일군이 우리를 발견하기라도 하면 어떻게 합니까? 우리가 진리를 찾기 위한 위대한 탐험 중이라고 밝히면 독일군이 고맙다며 순순히 보내 줄까요?"

"전혀 아니지요! 과학 탐험대라고 말해도 독일 정부가 이를 믿을 리가 없습니다. 우리는 배를 타고 가다가 독일 잠수함에 의해 모두 죽게 될지도 모릅니다."

일리가 있는 말이었어요. 에딩턴과 다이슨은 이렇게 말할 수밖에 없었어요.

"일단 준비는 하도록 하지요. 개기 일식 전에 전쟁이 끝나기를 기도합시다."

하늘이 에딩턴의 열정을 돕기라도 한 걸까요? 다행히 1918년 11월에 전쟁은 영국이 속해 있는 연합군의 승리로 끝이 났어요.

영국의 탐험대는 개기 일식이 일어나는 날에 맞춰 무사히 출발할 수 있었어요. 개기 일식은 대서양을 가로지르며 일어날 예정이기 때문에 그리니치 천문대에서는 탐험대를 두 팀으로 나눠서 보냈어요. 크로멜린이 이끄는 탐험대는 대서양 왼쪽 끝에 있는 브라질 해안 근처 소브라우 마을로, 에딩턴이 이끄는 탐험대는 대서양의 오른쪽 끝에 있는 서아프리카 해안 근처의 프린시페 섬으로 향했지요.

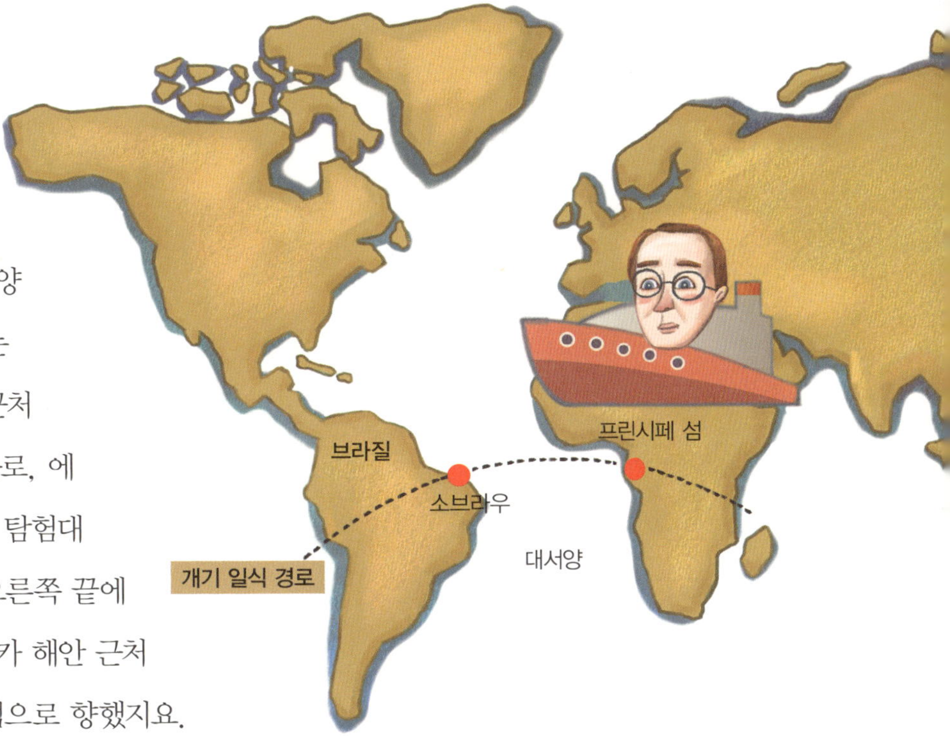

1919년 5월, 기나긴 여행 끝에 에딩턴이 이끄는 탐험대는 프린시페 섬에 무사히 도착했어요. 5월 29일 드디어 개기 일식이 시작되었고, 에딩턴은 일식이 일어나는 5분 동안 사진을 찍었어요. 하지만 날씨가 썩 좋지 못한 탓에 단 2장의 사진만 건질 수 있었어요. 다행히 크로멜린이 이끄는 탐험대에서 꽤 많은 사진을 찍었고, 그중에서 8장의 사진이 쓸 만했어요.

영국으로 돌아온 탐험대는 즉시 사진을 인화해 영국 왕립학회 소속 과학자들과 함께 분석 작업에 들어갔어요.

1919년 에딩턴 탐험대가 찍은 개기 일식 사진

실제로 빛은 아주 조금만 휘어지기 때문에 사진과 측정값을 분석해 일반 상대성 이론을 검증하는 데에는 꽤 많은 시간이 걸렸어요.

아인슈타인은 영국 왕립학회의 발표를 손꼽아 기다렸어요. 그런데 6주가 지나도 발표가 나지 않았어요. 아인슈타인은 점점 초조해졌답니다.

'또 내 이론이 틀린 걸까?'

1919년 11월 6일, 마침내 영국 런던에서 왕립학회와 왕립천문학회의 합동 회의가 소집되었어요. 회의장에는 영국의 위대한 과학자인 아이작 뉴턴의 초상화가 걸려 있었어요. 다이슨이 앞으로 나와 엄숙한 표정으로 입을 열었어요.

"이번 관측을 위해 영국에서는 두 팀의 원정대를 각각 프린시페 섬과 소브라우로 파견했습니다. 한 팀은 궂은 날씨로 고생했고, 다른 팀은 무더운 날씨 때문에 고생했습니다. 사진 상태가 썩 좋지 않아 판독하는 데 오랜 시간이 걸렸습니다. 하지만 많은 과학자의 헌신적인 노력 끝에 마침내 다음과 같은 결론에 도달했습니다."

회의장은 마치 텅 빈 것처럼 조용했어요. 어찌나 조용했는지 침을 꼴깍 삼키는 소리까지 들릴 지경이었지요. 회의에 참석한 모든 과학자가 다이슨의 입만 바라보고 있었어요.

"관측 결과, 아인슈타인의 예측은…… 정확했습니다! 빛이 꺾인 정도는 아인슈타인이 논문에서 밝힌 그대로였습니다. 일반 상대성 이론은 관측으로 증명되었고, 우리는 이 사실을 겸허하게 받아들여야 합니다."

여기저기서 탄식이 터져 나왔어요.

"아……, 우리가 250여 년간 진리라고 믿어 왔던 것이 무너졌어."

"뉴턴의 이론에 오류가 있었다니……."

이어서 에딩턴과 크로멜린이 자세한 결과를 발표했고, 영국 왕립학회 회장이자 전자를 발견한 유명한 물리학자 조셉 존 톰슨이 다음과 같이 말했어요.

"일반 상대성 이론은 인간 사고의 가장 높은 성취입니다. 이것은 작은 섬 하나를 발견한 것이 아니라 새로운 대륙을 발견한 것과 같습니다."

다음날인 11월 7일 영국의 유명한 신문인 〈타임스〉에는 이런 머리기사가 실렸어요.

"자네 이 기사 봤나? 뉴턴의 이론이 뒤집어졌다더군. 정말 위대한 과학자가 나타났어."

"빛이 휘어진다니⋯⋯. 어떻게 이런 생각을 할 수 있지? 만약 자네가 나한테 이런 얘기를 했으면 자네를 정신 병원으로 보냈을걸세. 허허."

"폐허가 된 유럽에 여전히 희망이 남아 있다면 그건 바로 아인슈타인일 거야."

1919년은 매우 암울한 시대였어요. 기관총, 독가스, 탱크 등 각종 무기의 발달로 1차 세계 대전 동안 무려 900만 명 이상의 군인들이 목숨을 잃었지요. 1차 세계 대전 이후 사람들은 자신들의 이익을 위해 수많은 사람을 사지로 내몬 왕과 정치가들에게 크게 실망했답니다.

하지만 그럴 때일수록 사람들에게는 더욱 믿고 의지할 사람이 필요했어요. 바로 그때 아인슈타인이 나타났어요. 아인슈타인은 250년 동안 진리로 여겨졌던 뉴턴의 이론을 밀어내고 새로운 세계를 활짝 열었어요. 또한, 영국이 전쟁 상대국이었던 독일 과학자 아인슈타인의 이론을 확인하기 위해 탐험대를 파견했다는 점에서 아인슈타인과 에딩턴은 사람들에게 평화와 화해의 상징으로 받아들여졌어요.

이 일을 계기로 아인슈타인은 과학계를 넘어 일반인들에게도 사랑받는 세계적인 스타가 되었어요. 이때 아인슈타인의 나이는 40세였어요. 이후 아인슈타인은 언론의 관심을 한 몸에 받게 된답니다.

제1차 세계 대전은 왜?

20세기 초 유럽은 매우 빠른 속도로 성장하고 있었어요. 18세기에 일어난 산업 혁명의 영향으로 공장이 들어서고 모든 것이 풍요로워지면서 각 나라의 과학 기술과 산업이 전과는 비교도 할 수 없을 정도로 발전했기 때문이에요. 하지만 산업이 발달하고 인구가 증가하자 각 나라는 서로 더 많은 식민지를 차지하기 위해 주변국과 갈등을 겪는 경우가 많았어요. 식민지가 별로 없었던 독일은 많은 식민지를 확보한 영국과 프랑스와 충돌했고, 오스트리아-헝가리 제국은 러시아 제국과 대립했지요.

그리고 1914년 6월 28일, 발칸 반도의 심장부인 세르비아 사라예보를 방문한 오스트리아-헝가리 제국의 황태자 프란츠 페르디난트가 한 세르비아 청년에 의해 암살되자, 오스트리아-헝가리 제국은 세르비아에 선전 포고를 했어요. 그러자 러시아는 세르비아를 지원하고 나섰어요. 이후, 영국과 프랑스는 러시아와 손을 잡고, 독일은 오스트리아-헝가리와 동맹을 맺으면서 1차 세계 대전이 시작되었답니다.

사라예보 사건을 묘사한 그림

진리를 사랑한 과학자

아인슈타인은 중력 때문에 공간이 휘어진다는 혁신적인 생각을 통해 일반 상대성 이론을 완성했어요. 그런데 자연 세계에는 중력 외에도 '전기력'이 존재해요. 양(+)전하와 음(-)전하를 띤 입자들은 서로 힘을 주고받는데 이것을 전기력이라고 불러요. 중력과 전기력을 나타내는 공식은 매우 비슷하답니다. 아인슈타인은 이 두 힘을 통합하는 하나의 원리가 있을 거라고 생각했어요. 만약 이것을 발견한다면 자연 세계의 모든 현상을 단 하나의 법칙으로 설명할 수 있게 되는 거예요.

1919년에 일반 상대성 이론이 검증된 후 아인슈타인은 즉시 중력과 전기력에 대한 연구를 시작했어요. 그리고 연구를 시작한 지 10년만인 1929년에 아인슈타인은 이와 관련된 새로운 이론을 발표했어요.

"중력과 전기력을 하나로 통일하는 것은 저의 가장 큰 꿈입니다. 저는 이 이론을 '통일장 이론'이라고 부르겠습니다. 전자가 원자핵 주위를 움직이는 것과 지구가 태양 주위를 도는 힘이 같다는 사실을 우리는 이제야 알게 되었습니다."

이미 세계 최고의 물리학자로 명성이 자자한 아인슈타인이었기 때문에 전 세계가 그를 주목했고, 모든 언론이 통일장 이론을 앞다투어 다뤘어요.

'아인슈타인, 또다시 혁신적인 이론을 발표하다!'

아인슈타인의 통일장 이론 논문은 무려 1,000부나 인쇄됐어요. 논문으로서는 매우 이례적인 일이었지요. 그의 논문은 순식간에 팔려 나갔고 3,000부를 더 인쇄했지만, 이 역시 금세 동이 났어요.

하지만 아인슈타인이 발표한 통일장 이론에는 몇 가지 문제점이 있었어요. 일단 복잡한 방정식이 무려 33개나 포함되어 있었고, 자신이 완성한 일반 상대성 이론과 충돌하는 부분도 있었어요. 아인슈타인은 결국 자신의 통일장 이론이 틀렸다는 것을 인정했어요. 물론 그의 연구는 이후에도 계속되었답니다. 아인슈타인에게 실패란 새로운 것을 발견하기 위해 거쳐야 할 과정일 뿐이었으니까요.

아인슈타인은 자신의 연구를 하면서도 후배 과학자들의 가능성을 알아보고 적극적으로 격려하는 일도 잊지 않았어요. 가장 대표적인 인물이 프랑스의 물리학자 루이 드 브로이였어요. 드 브로이의 집안은 18세기 이후로 계속해서 공작 작위를 물려받은 귀족 가문이었어요. 당시 공작은 귀족 계급 중에서 가장 서열이 높았답니다.

1924년에 드 브로이는 파리 대학에 〈양자에 관한 연구〉라는 제목의 박사 학위 논문을 제출했어요. 그런데 드 브로이가 제출한 논문은 달랑 3페이지에 불과했어요. 게다가 수식도 거의 없었어요. 논문 심사 위원들은 몹시 당황했어요.

"어떤 의미로는 정말 굉장한 논문이군요. 이렇게 형편없는 박사 학위 논문은 처음 봅니다. 수식도 거의 없는 데다 결론도 말이 안 됩니다. 전자가 파동의 성질을 가지고 있다니, 당장 탈락시켜야 해요."

그러자 다른 심사 위원이 난색을 보였어요.

"그렇긴 합니다만, 이 사람은 공작입니다. 함부로 탈락시켰다가는 무슨 일을 당할지 몰라요."

"내게 좋은 생각이 있소. 이 논문을 아인슈타인에게 보내 의견을 구하는 겁니다. 아인슈타인도 분명히 이 논문은 말이 안 된다고 생각할 거예요. 그러면 우리는 그 핑계를 내고 논문을 탈락시키면 될 거요."

"그거 좋은 생각이군요! 세계적으로 유명한 아인슈타인의 말이라면 제아무리 공작이라 할지라도 어찌하지는 못할 테지요."

심사 위원들은 그 즉시 아인슈타인에게 논문을 보냈어요. 아인슈타인은 이름도 모르는 젊은 물리학자의 논문을 찬찬히 읽어 내려갔어요. 그리고 심사위원들에게 이렇게 답장을 보냈어요.

"드 브로이의 논문은 물리학에 드리운 커다란 장막을 걷어 내는 대단한 걸작입니다."

아인슈타인이 드 브로이의 논문을 극찬하자 심사 위원들은 당황했어요. 그리고 어쩔 수 없이 드 브로이에게 박사 학위를 수여할 수밖에 없었어요. 실제로 드 브로이의 논문은 현대 물리학에서 매우 중요한 논문이었어요. 드 브로이는 이 연구로 훗날 노벨상을 받게 된답니다. 아인슈타인이 아니었더라면 이 중요한 논문은 세상에 나오지도 못할 뻔했지요.

두 번째 인물은 인도 출신의 물리학자 사티엔드라 보스였어요. 그는 물체가 절대 온도인 '0'에 가까울 때 생기는 일에 대해서 예측한 논문을 영국의 《왕립학회 철학 저널》에 제출했어요. 그러나 심사위원들은 그가 인도 사람이라고 무시하면서 탈락시켰어요. 그러자 보스는 아인슈타인에게 논문을 보냈어요.

아인슈타인은 이번에도 그의 논문의 학문적 가치를 한눈에 알아봤어요. 아인슈타인은 직접 이 논문을 독일어로 번역해 독일의 《물리학 저널》에 싣도록 도와주었어요. 그 이후로 아인슈타인과 보스는 함께 연구를 했어요. 이 연구 역시 현대 물리학의 토대를 마련하는 중요한 연구였답니다. 그리고 이것을 '보스-아인슈타인 응축'이라고 불렀어요.

- 검소하고 소박한 과학자
- 슈퍼스타, 아인슈타인
- 전쟁에 반대하다
- 독일에서 미움받는 아인슈타인

세상에 굴복하지 않는 과학자

전쟁 속에서 평화를 외치다 5

사람들은 아인슈타인의 과학적 업적뿐만 아니라 아인슈타인의 인성에 대해서도 감동하고 환호했어요. 아인슈타인은 돈과 명예를 좇지 않고 언제나 겸손했으며, 예술적인 감성도 가지고 있었어요. 그리고 그는 전쟁에 동참하는 것이 당연시되던 암울한 시대에도 당당하게 전쟁에 반대했어요. 신변에 위협을 느끼는 상황에서도 끝까지 평화를 외치며 분명한 자신의 목소리를 낼 줄 아는 용감한 사람이 바로 아인슈타인이었답니다.

검소하고 소박한 과학자

그동안 절대적인 진리라고 여겨졌던 뉴턴의 과학 시대가 마침내 막을 내렸어요. 아인슈타인은 상대성 이론을 통해 새로운 과학의 시대를 활짝 열었답니다.

당시 아인슈타인의 인기는 상상 이상이었어요. 과거와는 달리 이제는 과학자들뿐만 아니라 일반인들도 과학 이론에 큰 관심을 가졌어요. 시간과 공간이 절대적이지 않고, 공간은 구부러져 있으며, 빛이 휘어진다는 사실은 사람들의 상상력을 사로잡기에 충분했어요. 상대성 이론을 강연하는 과학자들만 해도 전 세계적으로 수백 명에 이르렀어요. 그중 레오폴트 인펠트라는 폴란드의 물리학자도 강의를 열었어요.

강의가 추운 겨울밤에 열려 사람들이 별로 오지 않을까 걱정했지요. 하지만 그것은 쓸데없는 걱정이었어요. 강연을 듣기 위해 수많은 사람이 꼬리에 꼬리를 물고 줄 서 있었거든요. 도시에서 가장 큰 공연장도 청중들을 모두 수용할 수 없을 지경이었답니다.

일반 상대성 이론을 검증하기 위해 직접 탐험대를 이끌었던 아서 에딩턴도 마찬가지였어요. 에딩턴이 대학에서 일반인들을 위한 강연을 할 때도 수백 명의 사람들이 강연장을 꽉 메웠고, 그와 비슷한 수의 사람들이 자리가 없어서 집으로 돌아가야만 했지요.

또 에딩턴과 프로인틀리히, 플랑크, 버트런드 러셀 등 당대 최고의 과학자와 수학자들이 상대성 이론에 대한 책을 쓰기 시작했어요. 1919년부터 6년 사이에 무려 600여 편의 책과 논문이 쏟아질 정도였답니다. 상대성 이론에 대한 관심은 자연스럽게 아인슈타인에 대한 관심으로 이어졌어요. 수많은 신문 기자들이 아인슈타인을 취재하기 위해 몰려들었지요. 신문과 책, 인터뷰 등으로 아인슈타인의 일거수일투족이 알려지자 사람들은 아인슈타인이라는 사람 자체에 열광하기 시작했답니다.

아인슈타인이 프라하 대학의 초청으로 짧은 여행을 떠났을 때의 일이었어요. 그는 강연을 위해 프라하에 머무는 동안 호텔이 아니라 자신이 예전에 근무했던 프라하 대학교의 실험실에서 지냈어요. 저녁도 대부분 실험실에 있는 버너를 이용해 만들어 먹었지요. 사람들은 아인슈타인의 소박한 생활에 관해 이야기하기 시작했어요.

"아인슈타인이 지금 프라하 대학의 실험실에 묵고 있다지 뭐야?"

"정말이야? 그 정도 유명 인사는 당연히 호텔에서 지낼 줄 알았는데, 아인슈타인은 뭔가 다르다니깐!"

며칠 뒤 프라하 대학교 물리학과에서 작은 환영회가 열렸어요. 몇 사람이 아인슈타인을 환영하는 연설을 했고 이제 아인슈타인 차례가 되었어요. 사람들은 아인슈타인이 무슨 말을 할지 잔뜩 기대하면서도 당연히 상대성 이론에 대해 말할 거라고 생각했어요.

"무슨 말을 할까? 아무래도 상대성 이론에 대해서겠지?"

"그리고 그 과정이 얼마나 힘들었는지에 대해서도 말할 거야."

아인슈타인이 조용히 입을 열었어요.

"제가 이 즐거운 자리를 지루한 연설로 망치는 것을 여러분도 원하지 않을 것입니다. 그래서 저는 여러분을 위해서 즐겁고 이해하기 쉬운 일을 하나 하려 합니다."

그는 사람들 앞에서 항상 가지고 다니던 바이올린을 꺼냈어요. 그리고는 모차르트의 소나타를 연주했지요. 아름다운 음악 소리가 작은 방 안에 울려 퍼졌어요. 상대성 이론과 관련된 어렵고 딱딱한 연설을 생각했던 사람들은 아인슈타인의 예술적인 면모에도 푹 빠지고 말았답니다.

다음 날 아침, 아인슈타인은 오스트리아 빈으로 향하는 기차를 탔어요. 빈에는 무려 3,000여 명의 사람이 그의 강연을 듣기 위해 기다리고 있었답니다. 아인슈타인을 초청한 사람들이 기차역에서 아인슈타인을 기다리고 있었고, 기차는 서서히 승강장으로 들어왔어요. 사람들은 당연하다는 듯 열차의 일등칸 쪽으로 발걸음을 옮겼지요. 세계적인 명성을 가진 아인슈타인이라면 당연히 일등칸에 타고 있을 거라고 생각했기 때문이에요. 하지만 아무리 기다려도 아인슈타인은 나타나지 않았어요. 그들은 당황하기 시작했어요.

"왜 아인슈타인 박사님이 안 보이는 거지? 우리가 시간을 잘못 알았나?"

"아니야. 분명히 이 기차가 맞아. 아마 일등칸 자리를 구하지 못해서 이등칸을 타고 온 모양이야."

사람들은 승강장을 따라 이등칸으로 갔어요. 하지만 그곳에도 아인슈타인은 없었어요. 사람들은 두리번거리며 말했어요.

"이등칸에도 없어. 어떻게 된 일일까?"

"너무 바빠서 이곳에 오지 못한 건 아닐까?"

"무슨 소리야. 지금 박사님의 강의를 듣기 위해 3,000명이 기다리고 있다고. 이거 정말 큰일이군."

그러자 한 사람이 힘없는 목소리로 말했어요.

"혹시 모르니까 저 끝에 있는 삼등칸에도 가 봅시다."

"무슨 소리요? 삼등칸은 돈 없고 가난한 사람들이 타는 곳인데… 아인슈타인 박사님이 거기 있을 리가 없잖소."

"그래도 혹시 모르니 확인이나 한번 해 봅시다."

사람들은 걱정스러운 표정으로 승강장의 끝에 있는 삼등칸으로 걸어갔어요. 그리고 그들은 삼등칸 앞에 서 있는 아인슈타인을 발견했어요. 아인슈타인은 허름한 옷차림에 길에서 연주하는 사람이나 들고 있을 법한 낡은 바이올린 케이스를 들고 있었어요. 사람들은 깜짝 놀라 말했어요.

"아니, 박사님. 여기까지 삼등칸 기차를 타고 오신 겁니까?"

아인슈타인은 헝클어진 머리를 긁적이며 말했어요.

"저는 삼등칸이 편하고 좋습니다. 일등칸에 있으면 사람들이 자꾸 저를 알아봐서 불편하기도 하고요. 삼등칸이라고 해서 서서 오는 건 아니지 않습니까? 하하."

사람들은 아인슈타인의 이런 소박한 모습을 보고 큰 감동을 받았답니다.

슈퍼스타, 아인슈타인

아인슈타인은 남다른 재치를 가지고 있는 사람이기도 했어요. 그는 항상 주위 사람들과 토론을 하면서 재치 있는 말솜씨로 사람들을 놀라게 했지요. 기자들과 주변 사람들은 아인슈타인에게 난처한 질문을 할 때도 있었지만, 이럴 때마다 아인슈타인은 생각지도 못한 답변으로 사람들에게 즐거움을 선사했어요.

한 기자가 아인슈타인에게 이렇게 물었어요.

"박사님, 보통 사람이 상대성 이론을 이해하기란 정말 어려운 일입니다. 사람들을 위해 알기 쉽게 몇 글자로 설명해 주실 수 있나요?"

10여 년을 연구한 끝에 완성한 이론을 단 몇 글자로 설명해 달라는 건 매우 어려운 질문이었어요. 하지만 아인슈타인은 당황하지 않고 이렇게 말했어요.

"글쎄요, 이렇게 설명하면 어떨까요? 당신이 아름다운 여자와 함께 대화를 나눌 때는 1시간이 마치 1초처럼 흘러갈 겁니다. 하지만 당신이 뜨거운 숯 위에 앉아 있을 때는 1초가 마치 1시간처럼 느껴지겠지요. 이것이 바로 상대성 이론입니다."

기자들은 손뼉을 치며 좋아했고, 그의 말은 다음 날 곧바로 신문에 실렸어요. 사람들은 아인슈타인에게 과학 이론이나 학문적 견해 외에도 다양한 질문들을 했어요. 어느 날 물리학 강의 중에 한 학생이 아인슈타인에게 물었어요.

"교수님은 모든 물체 사이에 작용하는 상대성 원리를 발견하고 이를 수식화하셨습니다. 그렇다면 사람들 사이에 오가는 사랑도 방정식으로 표현할 수 있습니까?"

잠시 생각에 잠긴 아인슈타인은 칠판에 무언가를 적었어요.

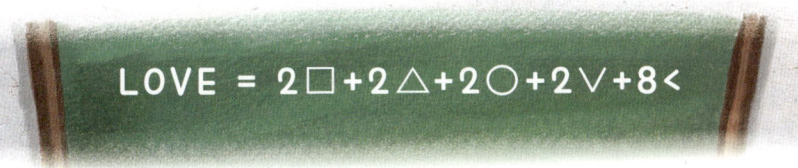

"교수님, 그게 대체 무슨 의미인가요?"

"사랑은 □가 2, △가 2개, ○가 2개, ∨가 2개, <가 8개로 이루어져 있다는 뜻이라네."

"잘 이해가 되지 않습니다. 좀 더 풀어서 설명해 주시겠습니까?"

그는 다시 칠판에 무언가를 그리기 시작했어요.

그리고 아인슈타인은 이렇게 덧붙였답니다.

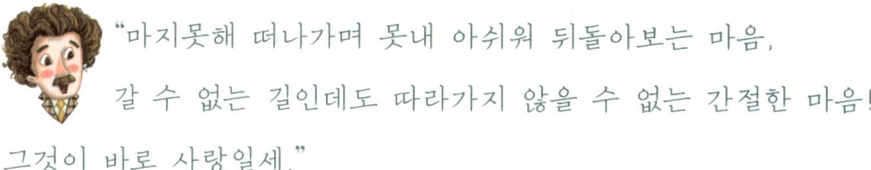
"마지못해 떠나가며 못내 아쉬워 뒤돌아보는 마음,
갈 수 없는 길인데도 따라가지 않을 수 없는 간절한 마음!
그것이 바로 사랑일세."

사람들은 아인슈타인과 관련된 책과 기사, 인터뷰 등을 보고 듣는 걸 좋아했지만, 그들이 가장 원했던 건 역시 아인슈타인에게 직접 상대성 이론에 대한 설명을 듣는 것이었어요. 전 세계에서 강의 요청이 쇄도했고 그 덕분에 아인슈타인은 세계 각지를 돌아다니며 강연을 했어요.

1921년, 아인슈타인이 강연을 위해 처음으로 미국을 방문했을 때였어요. 아인슈타인은 기자들의 계속되는 사진 촬영 요청 때문에 배에서 내리기조차 힘들었어요. 배에서 내린 후에도 그는 자신을 보러 온 수천 명의 군중들에게 한참 동안 손을 흔들어 줘야 했어요. 그뿐만이 아니었어요. 뉴욕 시장이 직접 마중을 나오는가 하면, 아인슈타인을 차에 태우고 밤늦게까지 행진을 하기도 했지요. 길거리에는 손을 흔들며 환호를 보내는 사람들로 가득했어요.

1921년 미국 뉴욕에서 자동차 행진을 하고 있는 아인슈타인

게다가 다음날 열린 환영 행사 및 강연은 뉴욕 시청 공원에서 진행했어요. 수만 명의 사람이 그의 강의를 듣기 위해 구름처럼 몰렸기 때문이에요. 이후 그는 워싱턴으로 가서 미국 대통령까지 만나기도 했어요. 아인슈타인은 말 그대로 '슈퍼스타'나 다름없었답니다.

그는 아시아에도 방문했는데, 아인슈타인에게 가장 인상 깊었던 나라는 일본이었어요. 아인슈타인이 일본에서 처음 강연을 한 도시는 도쿄였는데, 그곳에 모인 사람들은 환호를 보내거나 손뼉을 치지 않고 그저 조용히 앉아서 차분하게 강연을 들었어요. 다른 나라의 소란스러운 분위기와는 사뭇 달랐지요. 일본 사람들이 자신의 강의를 열심히 듣는 것에 신이 난 아인슈타인은 시간이 가는 줄도 모르고 무려 4시간 동안 강의를 진행했어요. 그런데도 수천 명의 사람들은 전혀 흐트러짐 없이 아인슈타인의 한 마디 한 마디를 경청했지요. 아인슈타인은 강의가 끝난 후에야 4시간이 흘렀다는 걸 알았어요. 청중들에게 미안한 마음이 든 아인슈타인은 도쿄를 떠나며 이렇게 생각했답니다.

'오늘은 내가 너무 흥분한 것 같아. 어렵고 지루한 강의를 듣는 사람을 위해서라도 다음부터는 강의 시간을 좀 줄여야겠어.'

다음 도시에서도 일본 사람들은 열심히 강의를 들었어요. 아인슈타인의 강의는 3시간 만에 끝났어요. 그러자 분위기가 좀 이상했어요. 사람들이 웅성거리기 시작했고, 얼굴엔 실망한 빛이 가득했지요.

'무슨 일이지? 내가 무슨 실수라도 했나?'

알고 보니 강의가 도쿄에서처럼 4시간이 아니라, 3시간 만에 끝낸 것에 대해 청중들이 실망한 거예요. 아인슈타인은 일본 사람들의 진지한 표정과 태도에 감동했고, 일본에 머무는 동안 항상 4시간씩 강의를 했답니다.

아인슈타인은 자신의 이론이 세상에 알려지고, 이렇게 직접 그것에 관해 설명할 기회가 있다는 사실에 대해 늘 감사했고 또 행복해 했어요.

한편, 그 무렵 슬픈 일도 있었어요. 아인슈타인이 세상에 막 알려지기 시작할 1919년, 어머니가 위암에 걸린 거예요. 어린 시절, 항상 격려와 칭

찬을 아끼지 않았던 어머니가 없었더라면 지금의 아인슈타인도 아마 없었을 거예요. 아인슈타인은 날이 갈수록 야위고 약해지는 어머니를 보며 한없이 눈물을 흘렸어요. 어머니는 이번에도 아인슈타인을 위로했어요.

"알베르트, 너는 어릴 적부터 나의 보물이고 기쁨이었단다. 나는 네가 커서 이렇게 훌륭한 사람이 될 거란 걸 알고 있었어. 그 모습을 이렇게 볼 수 있다니…… 네가 정말 자랑스럽구나."

아인슈타인의 어머니는 1920년 2월에 세상을 떠났어요. 어머니를 잃은 슬픔으로 아인슈타인은 며칠 동안 아무것도 못하고 슬퍼했어요. 하지만 그 슬픔을 위로하기라도 하듯, 어머니가 떠난 그다음 해인 1921년, 아인슈타인은 마침내 노벨상을 받게 됐답니다. 1909년부터 노벨상 후보에 오른 지 12년 만의 일이었어요.

노벨상을 타자 그의 인기는 더욱더 치솟았지요. 이런 관심은 아인슈타인에게 점점 부담으로 다가오기도 했어요. 겸손하고 다정한 아인슈타인의 성격이 알려지자 사람들은 그에게 편지를 보내기 시작했어요. 과학적 견해나 학문적 도움을 구하는 내용이나 존경을 담은 편지도 있었지만, 그저 자신이 궁금한 것을 물어보는 내용도 많았답니다. 어른 아이 할 것 없이 그들이 쓴 편지가 하루에 수백 통씩 아인슈타인 앞으로 배달되었어요.

특히 아이들은 사인이나 사진을 요청하기도 했고, '영혼이 무엇일까요?', '하늘 위에는 무엇이 있나요?', '악마가 지옥에 떨어지는 속도는 얼마일까요?' 등 엉뚱하고 황당한 질문을 하는 경우도 많았지요. 아인슈타인은 이런 편지에도 친절하게 답변하려 노력했어요. 얼마나 많은 편지가 왔던지 아인슈타인은 꿈에서도 편지에 시달려 친구에게 하소연했어요.

"지난밤에 꿈을 꿨는데, 이번에도 괴로운 꿈이었다네."

"대체 무슨 꿈인데 그러나?"

"꿈속에서 우체부가 나에게 편지 뭉치를 내던지면서 이렇게 말하더군. '빨리 답장 쓰란 말이야!' 물론 이렇게 많은 편지를 받는다는 건 고마운 일이기는 하지만, 그때는 정말 우체부가 악마처럼 보였네."

나중에 아인슈타인은 비서를 두었는데, 비서의 가장 큰 업무가 바로 아인슈타인에게 온 편지를 분류하고 답변을 대신하는 거였다고 해요.

전쟁에 반대하다

아인슈타인이 베를린 대학에서 일반 상대성 이론 연구에 몰두해 있을 무렵이었어요. 당시 유럽은 제1차 세계 대전이 한창이었어요. 독일은 물론 온 유럽이 전쟁의 소용돌이에 빠져 있던 1914년 10월 23일, 독일의 주요 신문엔 다음과 같은 글이 실렸어요.

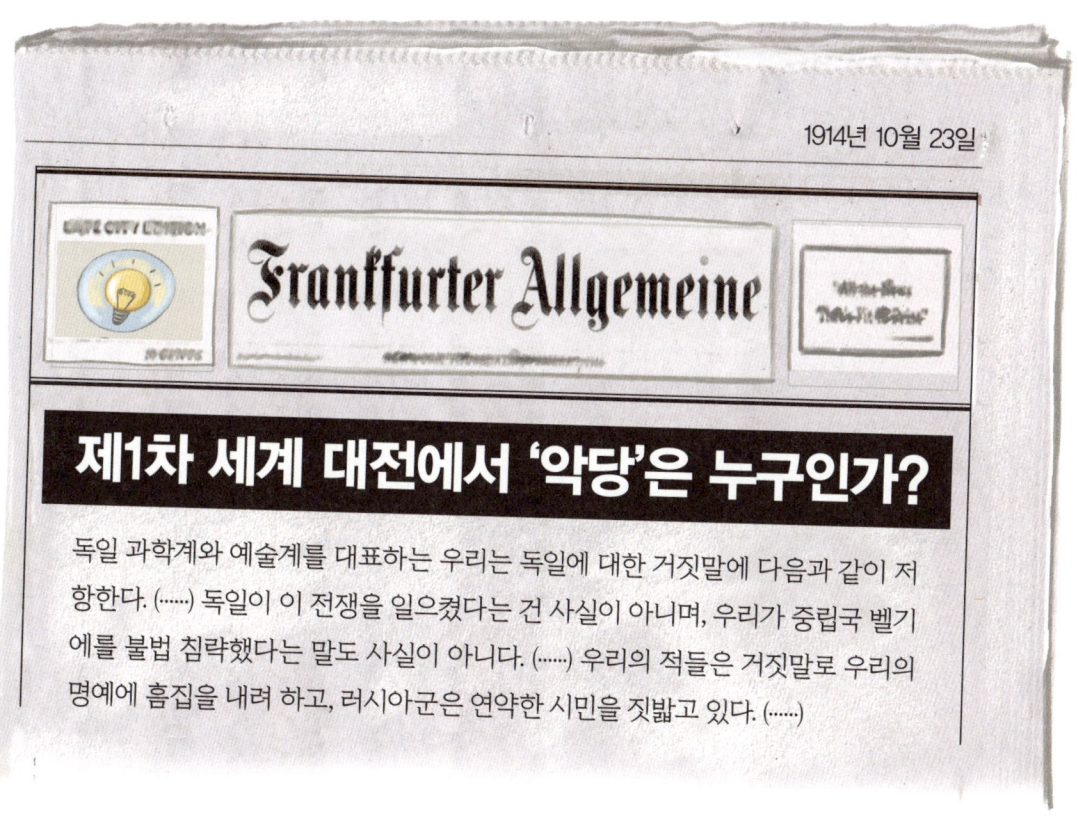

이 글은 독일의 저명한 과학자와 학자, 예술가 93명이 독일의 군사 행동에 찬성하고 지지하는 것을 알리는 이른바 '93인 선언'이었어요. 즉, 독일은 평화를 원하지만 악당 같은 다른 나라들 때문에 어쩔 수 없이 전쟁을 한다는 내용이었지요.

93인 선언에 동참한 사람 중에는 아인슈타인을 베를린 대학으로 데리고 온 플랑크와 네른스트도 포함되어 있었어요. 당시 독일의 유명한 과학자들은 대부분 이 선언문에 자신들의 이름을 올렸고, 93인에 포함되는 것 자체를 영광으로 생각했어요.

그리고 '93인 선언'이 신문에 실리기 며칠 전, 몇몇 과학자들이 아인슈타인을 찾아왔어요.

"아인슈타인 교수, 당신은 자랑스러운 독일에서 태어나서 자랐고 지금은 독일 베를린 대학교의 교수이기도 합니다. 독일의 많은 과학자가 독일의 군사 행동을 지지하기 위해 이 선언문에 서명을 했어요. 당신도 당연히 여기에 서명하리라 믿소."

하지만 아인슈타인은 어릴 때부터 전쟁과 군대를 매우 싫어했어요. 어린 시절, 그가 독일을 떠난 것도 군대에 가서 사람들에게 총칼을 겨누어야 한다는 사실이 그 무엇보다 싫었기 때문이었지요.

"저는 당신들을 이해할 수 없군요."

"뭐가 말이오?"

"전쟁을 하는 것이 어떻게 자랑스러운 일이 될 수 있는지 이해할 수 없다는 말입니다. 저는 그 어떤 이유로도 전쟁을 하는 것에는 찬성할 수 없습니다. 당신들은 아니라고 하지만, 독일은 분명 중립국인 벨기에를 침공했어요. 이는 결코 올바른 일이 아닙니다."

아인슈타인이 단호하게 거절하자 과학자들은 더는 할 말이 없었어요. 당시 아인슈타인은 스위스 국적을 가지고 있었어요. 게다가 그는 독일에 온 지도 얼마 되지 않았기 때문에 그가 서명하지 않았다고 반역자로 몰리거나 하는 일은 없었을 거예요. 그저 조용히만 있었다면 말이에요. 하지만 아인슈타인은 가만히 있지 않았어요.

어느 날 밤, 베를린 대학교의 교수이자 의사인 니콜라이가 찾아와 조심스럽게 말했어요.

"아인슈타인, 자네는 지금의 전쟁을 어떻게 생각하나?"

"지금 독일은 잘못된 길을 가고 있네. 어떠한 명분으로도 전쟁은 정당화될 수 없어. 이는 옳지 못한 일이야."

"나 역시 자네와 같은 생각이네! 나는 자네가 어떤 말을 할지 몰라 조마조마했다네. 내가 전쟁에 반대하는 선언문을 만들었는데, 여기 서명해 줄 수 있겠나?"

아인슈타인은 니콜라이가 쓴 '유럽인들에게 호소함'이라는 선언문을 읽었어요. 거기에는 '이 전쟁의 끝에는 승자는 없고 오로지 패자만 남게 될 것이며 모두가 불행해질 것'이라는 내용이 담겨 있었어요.

"자네가 작성한 선언문에 전적으로 동의하네. 그런데 이 선언문에 몇 명이나 동참했나?"

아인슈타인이 묻자 니콜라이의 얼굴이 어두워졌어요. 그는 머뭇거리며 말했어요.

"음, 그게…… 안타깝지만 자네가 겨우 3번째라네. 다들 주위의 시선을 두려워하고 있어. 지금 독일에서 전쟁에 반대했다가는 반역자로 몰릴 수 있으니 무리도 아니지. 자네에게도 강요하지는 않겠네. 신중하게 생각하게. 어쩌면 위험한 일이 될 수도 있어."

"걱정하지 말게. 나는 반역자로 몰리는 것이 두렵지 않아. 우리는 옳은 일을 하고 있어."

아인슈타인은 니콜라이의 선언문에 흔쾌히 서명했어요. 그러나 독일의 분위기는 심상치 않았어요. 많은 독일 청년들이 자원해서 군대에 갔고 전쟁에 참여했어요. 플랑크의 두 아들과 네른스트의 두 아들도 마찬가지였지요. 과학자들 역시 더 좋은 무기, 더 좋은 비행기 등을 만드는 데 적극적으로 뛰어들었어요. 네른스트는 폭탄을 만드는 연구를 했고, 플랑크는 학생들에게 전쟁에 참여하라며 독려하기도 했어요.

이런 분위기에도 아인슈타인은 전쟁에 반대하는 목소리를 내는 데 주저하지 않았어요.

1915년 3월, 그는 '새 조국 연맹'이라 불리는 전쟁에 반대하는 모임에도 참석했어요. 아인슈타인은 이 모임을 통해 프랑스 소설가이자 평화주의자로 활발하게 활동했던 로맹 롤랑과도 비밀리에 편지를 주고받았어요. 프랑스는 독일의 적국이었기 때문에 전쟁에 반대하는 내용으로 편지를 주고받는 것은 매우 위험한 행동이었어요.
　아인슈타인은 네덜란드의 라이덴 대학에 있는 친구와도 편지를 주고받으며 전쟁에 대한 자신의 의견을 서슴없이 밝혔어요.

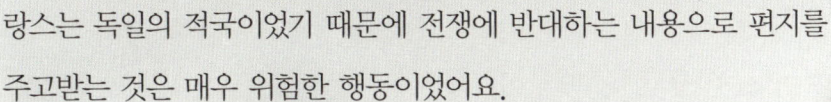

"유럽인들은 지금 제정신이 아닐세. 저들은 지금 믿기 힘든 엄청난 재난을 일으키고 있어. 이 얼마나 어리석은 동물들인가! 나는 평화로운 섬을 꿈꾸네. 현명하고 선한 사람만이 살고 있는 그런 섬을. 그곳에서라면 나는 기꺼이 그 나라의 열렬한 애국자가 되겠네."

하지만 평화를 위한 이런 노력에도 유럽은 아인슈타인이 원하는 것과는 정반대의 길로 가고 있었답니다. 아인슈타인이 가입했던 '새 조국 연맹'은 독일 정부에 의해서 강제로 해체되었고, 전쟁은 무려 4년 동안 지속되었어요. 결국 전쟁은 독일이 속한 동맹국의 패배로 끝이 났어요. 독일의 피해는 막심했어요. 4년간 무려 900만 명의 군인들이 목숨을 잃었는데, 그중에서 200만 명이 독일인이었어요. 수많은 젊은이가 전쟁터로 나갔지만, 집으로 돌아오지 못했어요. 독일의 한 공과대학은 전쟁 후 학생 수가 $\frac{1}{6}$로 줄었어요. 플랑크의 첫째 아들과 네른스트의 두 아들 역시 전쟁터에서 꽃다운 생을 마감해야만 했어요.

너무나도 큰 고통과 슬픔이 유럽을 휩쓸고 지나갔어요. 아인슈타인은 다시는 이런 전쟁이 일어나서는 안 된다고 생각했어요. 그는 1차 세계 대전 중 해체되었다가 다시 만들어진 '새 조국 연맹'에 참석하며 평화를 위해 노력했어요. 그는 모든 사람이 평화 속에서 살기를 원했어요.

한편, 1차 세계 대전에서 승리한 연합국은 전쟁의 책임을 독일에 돌리고자 했어요. 프랑스, 영국 등 승전국의 대통령들은 패전국인 독일에게 전쟁 배상 책임을 묻고 영토 문제를 확정하기 위해 프랑스의 베르사유에 모였어요. 그리고 1919년 6월 28일, 참전국 간의 '베르사유 조약'이 마침내 체결되면서 전쟁이 마무리되었어요.

하지만 베르사유 조약은 독일에 유독 가혹하고 굴욕적이었으며 불공평한 내용으로 가득했어요. 이 조약에 의해 독일은 가지고 있던 모든 해외 식민지를 빼앗겼으며, 유럽 내 영토의 13%를 삭감당했어요. 또 1,320억 마르크라는 엄청난 전쟁 배상금까지 물게 되었지요. 전차와 군용기, 잠수함의 보유도 금지되었고 징병제도 폐지되었어요. 1차 세계 대전의 모든 책임이 독일에만 있다는 내용까지 포함되어 있었어요. 베르사유 조약은 평화와 화해, 전쟁을 방지하기 위한 조약이라고 할 수 없었어요. 오히려 또 다른 분노와 전쟁을 유발하는 '시한폭탄'과도 같은 조약이었어요.

이에 아인슈타인은 베르사유 조약이 체결되기 전 각 나라의 대통령들에게 탄원서를 보냈어요.

"이 조약은 독일에 너무나도 가혹합니다. 이 조약은 미래에 또다시 전쟁이 일어날 가능성을 품고 있습니다. 다시는 이와 같은 전쟁이 일어나서는 안 됩니다. 유럽의 미래를 걱정한다

베르사유 조약 당시의 모습

면 절대로 이 조약에 서약해서는 안 됩니다!"

하지만 그 누구도 아인슈타인의 말을 귀담아듣지 않았고, 유럽 31국 정상들은 모두 서약을 했어요. 베르사유 조약이 체결되면서 독일은 경제적 어려움을 겪을 수밖에 없었어요. 독일 국민들은 크게 분노했고 연합국에 대한 적개심은 하늘을 찔렀어요. 그리고 그 분노는 서서히 아인슈타인을 향하고 있었어요.

독일에서 미움받는 아인슈타인

"우리가 이렇게 어려움을 겪고 있는 건 모두 유대인 때문이야!"

전쟁이 끝나자, 독일 안에서 유대인에 대한 감정이 점점 나빠지기 시작했어요. 곧 유대인에 대한 안 좋은 소문이 돌기 시작했어요.

"그거 알아? 독일 민간 은행과 독일 신문의 약 절반을 유대인이 가지고 있대."

"그뿐만이 아니야. 증권 시장도 대부분 유대인이 독차지하고 있지. 백화점의 80%도 유대인 소유라지?"

"쳇, 우리가 이렇게 힘들게 살고 있는데 유대인들은 자기 배만 불리고 있어. 그들은 다른 사람 생각은 눈곱만큼도 하지 않아."

"전쟁 때는 코빼기도 안 보이더니……. 돈에 환장한 녀석들, 우리가 가난한 건 모두 유대인 때문이야!"

전쟁 후 극심한 가난에 시달리던 독일 사람들은 이를 모두 유대인 탓으로 돌리고 있었어요. 그리고 얼마 후 독일 사람들의 감정에 불을 지른 사건까지 일어나고 말았어요. 당시 독일에서 활동하던 폴란드 출신 사회학자 로자 룩셈부르크가 독일에서 공산당 혁명을 시도하다가 체포된 거예요. 로자 룩셈부르크는 유대인이었어요. 이를 본 독일인들은 유대인들이 자신들의 세력을 넓히려고 독일 내에서 반란을 시도했다고 생각했어요. 공산주의 이론을 만든 칼 마르크스도 유대인이었고, 러시아에서 공산당 혁명을 이끌었던 레닌과 트로츠키 역시 유대인이었기 때문이에요.

상황이 이쯤 되자 독일 과학자 중에서도 공공연하게 아인슈타인을 비난하는 사람이 나타났어요. 바로 필리프 레나르트였지요. 1905년에 음극선 연구로 노벨상까지 받은 물리학자인 그는 독일 사람만이 우수한 민족이고, 독일의 과학만이 진정한 과학이라고 주장했어요.

"독일 과학자들만이 정확하고 깊이 있는 연구를 하고 있습니다. 유대인의 과학은 가짜입니다. 유대인들은 공간을 뒤틀고, 시간을 연장하며, 사람들의 정신을 흔들어 놓는 이상한 연구만 하고 있습니다. 이는 과학이라고 할 수도 없습니다."

레나르트가 말하는 유대인의 과학이란 바로 아인슈타인의 상대성 이론을 말하는 거였어요. 그는 아인슈타인에 대해서도 비난을 퍼부었어요.

"아인슈타인은 독일 국적을 포기한 배신자입니다. 독일을 떠날 때는 언제고, 월급을 많이 준다니까 냉큼 돌아와 지금은 독일의 베를린 대학에 있더군요. 그는 돈만 밝히는 가짜 과학자입니다!"

유대인에 대한 독일인들의 감정은 시간이 갈수록 점점 더 나빠졌고, 이제는 일반인들까지 아인슈타인을 비난하기 시작했어요. 하지만 아인슈타인은 독일을 사랑했어요. 그는 네덜란드 라이덴 대학으로 와 달라는 제안도 거절하고 몇 년 전 독일 국적을 다시 취득하기도 했지요. 또 독일 과학자들만 빼고 열리는 국제 과학자 모임에는 참석하지 않았답니다. 그는 독일이 더 이상 망가지지 않기를 바랐어요. 그러기 위해서는 사람들이 부당한 이유로 유대인들을 미워하는 것을 막아야만 했어요. 어느 날, 그는 주위 사람들에게 자신의 생각을 전했어요.

"나는 내일 반유대주의 모임에 참석할 걸세."

반유대주의 모임은 유대인을 미워하고 증오하는 사람들이 모여 유대인에 대한 적개심을 공공연하게 드러내는 집회였어요. 아인슈타인의 말을 듣고 사람들은 소스라치게 놀랐어요.

"그게 대체 무슨 말입니까? 반유대주의 모임이 어떤 모임인지는 박사님께서도 잘 알고 계시지 않습니까?"

"절대 안 됩니다! 지금 상황에 거기 간다면 무슨 봉변을 당할지 모릅니다. 박사님의 심정은 잘 알겠지만 그건 너무 위험한 일이에요!"

다음 날, 아인슈타인은 주변 사람들의 반대를 무릅쓰고 반유대주의 모임에 참석했어요. 거기에는 마침 아인슈타인을 미워하는 레나르트도 있었지요. 아인슈타인이 반유대주의 모임에 참석하자 그곳에 모인 사람들이 술렁거리기 시작했어요.

"뭐야, 저 사람 아인슈타인 아냐? 유대인이 여긴 무슨 일로 왔지?"

"그러게, 무릎 꿇고 사죄라도 하러 온 건가?"

"흥, 잘됐군! 콧대 높은 유대인 녀석에게 본때를 보여 주자고!"

아인슈타인은 웅성거리던 사람들 앞에 나가 말했어요.

"여러분도 아시다시피 저는 유대인입니다. 유대인들은 독일을 사랑하고

독일을 위해서 열심히 일했습니다. 유대인뿐만 아니라 독일에 살고 있는 모든 사람이 그렇습니다. 누군가를 아무런 이유도 없이 미워하는 것은 잘못된 일입니다. 그리고 저는 독일인이기도 합니다. 몇 년 전에 이미 독일 국적을 다시 취득했습니다. 저는 독일을 사랑합니다."

그러자 뒤에 있던 누군가가 소리쳤어요.

"웃기지 마! 아인슈타인은 지금 거짓말을 하고 있어. 나중에 우리를 버릴 거야. 예전에도 그랬듯이 말이야!"

"맞아. 당신은 과거에도 독일을 버리고 스위스로 도망쳤잖아! 유대인들은 다 똑같아."

모임의 분위기는 점점 더 험악해졌어요. 아인슈타인은 같이 온 이들의 도움으로 간신히 그 자리를 피할 수 있었어요.

며칠 뒤 아인슈타인이 아침을 먹고 있을 때였어요. 이제 막 배달된 신문을 들고 오며 가정부가 소리쳤어요.

"박사님! 큰일 났어요! 라테나우 장관님이 돌아가셨대요!"

"뭐라고? 라테나우가 죽다니, 그게 대체 무슨 소린가?"

당시 독일의 외무부 장관이었던 발터 라테나우는 독일에서 가장 인정받고 존경받는 유대인이었어요. 그런 그가 아침에 출근하던 길에 기관총과 수류탄으로 무장한 반유대주의자들에 의해 암살을 당한 거예요! 1922년의 일이었어요. 신문을 받아 든 아인슈타인은 그 자리에 털썩 주저앉고 말았어요. 그리고 얼마 뒤 한 무리의 사람들이 아인슈타인을 찾아왔어요.

라테나우 암살 사건 이후 아인슈타인이 걱정되어 찾아온 사람들이었어요.

"정말 슬프고 충격적인 사건입니다. 정말 훌륭한 분이셨는데……"

아인슈타인을 위로하던 사람들이 조심스레 입을 열었어요.

"주위에서 박사님을 걱정하는 사람들이 많습니다."

"박사님, 라테나우 장관님은 반유대주의자들에게 살해당하셨습니다. 단지 유대인이라는 이유만으로 말입니다. 라테나우 장관님 다음으로 유명한 유대인이 바로 박사님입니다. 그자들이 박사님을 노리고 있다는 소문도 들리고 있습니다."

"그렇습니다. 이제는 정말 조심하셔야 합니다."

"자네들이 걱정해 주는 것은 고맙네. 하지만 그렇다고 해서 그냥 이대로 조용히 있을 수만은 없어. 무서워서 가만히 있는 것이야말로 그들이 진짜 원하는 일이야. 그건 라테나우의 죽음을 헛되게 하는 일이기도 해!"

아인슈타인은 죽음을 두려워하지 않고 계속해서 전쟁에 반대했으며, 유대인을 미워하는 사람들을 향해 당당하게 자신의 목소리를 냈어요.

하지만 사정은 조금도 나아지지 않았어요. 사람들은 더욱 가난에 시달렸어요. 물가가 너무 올라서 먹고 사는 것조차 힘들어졌지요. 예전에는 1마르크면 빵을 1개 살 수 있었는데, 이제는 무려 10억 마르크를 줘야 빵을 살 수 있을 정도였어요. 수레 가득 돈을 싣고 가야 겨우 빵 하나를 사 올 수 있었던 거예요. 돈은 그저 종잇조각에 불과했어요. 굶주림에 시달리는 사람들은 점점 더 분노했고, 그 감정은 고스란히 유대인을 향했어요.

아돌프 히틀러

그리고 이런 독일 사람들의 마음을 이용해 권력을 잡으려는 사람이 나타났어요. 그는 독일 사람들의 분노를 유대인에게 돌리는 데 앞장섰어요. 심지어 라테나우를 암살한 사람들을 '애국자'라고 부르기도 했어요. 그 사람은 바로 '아돌프 히틀러'였어요.

히틀러가 속해 있는 나치당이 정권을 장악하면서 아인슈타인에 대한 위협도 점점 증가했어요. 그리고 히틀러의 등장으로 인해 독일은 또다시 전쟁의 소용돌이 속으로 빨려 들어가고 있었답니다. 역사상 가장 비극적인 전쟁인 2차 세계 대전의 불씨가 점점 타오르고 있었던 거예요.

유대인은 왜 차별받았을까?

유대인은 역사적으로 매우 오래전부터 차별을 받아 왔어요. 4세기 무렵, 기독교는 로마의 국교가 되면서 전 유럽으로 확산되었어요. 이에 따라 유대인들은 '예수를 죽인 민족'으로 낙인찍히게 된답니다. 이후 기독교인들은 유대인을 기독교의 적으로 여기기 시작했고, 유대인에 대한 오랜 박해가 시작되었어요.

유대인 차별에는 또 다른 배경도 있어요. 유대인들은 기원후 70년에 로마에 의해 멸망되고 세계 각지로 흩어져 떠돌이 생활을 했어요. 이를 '디아스포라(이산)'라고 해요. 나라가 없어 한 곳에 정착할 수 없던 유대인들은 농사를 짓거나 가축을 키우는 일을 할 수는 없었어요. 그래서 장사를 하거나 돈을 빌려주는 고리대금을 하면서 돈을 벌기 시작했어요. 오랫동안 이를 지켜본 유럽 사람들은 유대인들을 돈만 밝히는 사람이라고 생각해 멸시하기 시작했어요. 이런 유대인 차별은 2차 세계 대전 무렵 최고조에 달했고, 히틀러에 의해 유대인 학살, 즉 '홀로코스트'라는 비극적인 사건까지 발생하게 된답니다.

2차 세계 대전 당시 유대인 수용소의 모습

독일군에게 끌려가는 유대인 여성들

- 평화주의자에서 상대적인 평화주의자로
- 세상을 바꾼 편지
- 인류를 사랑한 과학자
- 숙제를 남기고 떠나다

평화주의자

인류를 사랑한 과학자 6

20세기의 마지막인 1999년, 미국의 유명한 시사 잡지 〈타임〉에서는 지난 100년 동안 가장 영향력 있는 사람을 뽑아서 발표했답니다. 여기서 아인슈타인은 '20세기의 인물'로 선정되었지요. 지난 100년 동안 가장 중요하고 영향력 있는 인물로 정치가나 군인, 예술가가 아닌 과학자 아인슈타인이 선정된 이유는 무엇이었을까요? 그건 바로 그가 훌륭한 과학자였을 뿐만 아니라, 인류의 평화를 위해 끊임없이 헌신한 사람이었기 때문이에요.

평화주의자에서 상대적인 평화주의자로

아인슈타인은 어린 시절부터 군인이 되는 것을 끔찍이 싫어했어요. 그 생각은 나이가 들어서도 변하지 않았답니다. 특히 참혹했던 1차 세계 대전을 겪으며 그 생각은 더욱 단단해졌어요. 아인슈타인은 그 어떤 이유에서든 전쟁은 성당화될 수 없다고 생각했어요. 그는 전쟁은 물론이고 젊은 청년들이 군대에 가는 것조차 반대했어요.

1차 세계 대전이 끝난 후, 미국을 방문한 아인슈타인은 많은 사람이 모인 자리에서 전쟁을 반대하는 연설을 했어요.

"군대에 가는 것은 공개적으로 사람들을 죽이는 것과 같습니다. 우리는 군대에 가는 것을 거부해야 합니다. 만일 군대에 가기를 거부하고, 평화적으로 문제를 해결하고자 노력하는 젊은이가 100명 중에 2명만 있어도 세상은 변할 것입니다."

뉴욕 타임스는 이 연설을 신문 1면에 실어 보도했어요. 수많은 미국의 젊은이들은 가슴에 '100명 중에 2명'이라고 적힌 배지를 달고 다니며, 아인슈타인의 평화주의에 동의를 표시했어요.

그러나 독일에서는 히틀러가 점점 세력을 키워 나가고 있었어요. 히틀러는 탁월한 선동 능력을 앞세워 혹독한 생활을 견뎌 내고 있는 독일 사람들의 마음을 단번에 사로잡았어요.

그는 1차 세계 대전에서 독일이 패배한 것은 독일에 있는 유대인 때문이라고 선동했어요. 심지어 독일 민족은 세계에서 가장 우월한 민족이며, '인종 청소'를 통해 그 우수성과 고결함을 지켜 내야 한다고 주장하기도 했어요. 또 그는 독일이 세계를 정복해야 전 세계가 잘 살 수 있다고 말하며, 이를 위해 군사력을 키워 전쟁을 일으켜야 한다고 주장했어요.

독일 사람들은 이런 비이성적인 선동에도 열렬히 환호했어요. 상황은 매우 심각했어요. 유대인에 대한 박해가 심해지자 아인슈타인은 생각이 조금씩 바뀌기 시작했어요.

"사람들의 이성이 마비되고 있어. 평화를 외치는 것만으로는 결코 평화를 지킬 수 없는 걸까?"

아인슈타인은 히틀러처럼 위험한 자를 그냥 둬서는 안 된다고 생각했어요. 하지만 지금 독일에서는 히틀러를 막을 방법이 없었어요. 이미 히틀러가 퍼뜨린 불씨는 횃불이 되고 들불이 되어 활활 타오르고 있었기 때문이에요.

아인슈타인이 걱정한 대로 1933년 1월 30일 히틀러가 마침내 독일 정권을 완전히 장악했어요. 사실 히틀러는 그 전에도 여러 차례 아인슈타인의 목숨을 노렸지만 세계적인 명성을 가진 아인슈타인을 함부로 처리할 수는 없었지요. 그런데 이제는 상황이 달라졌어요. 독일은 이미 히틀러와 나치당의 세상이었어요. 나치 돌격대는 유대인의 가게를 닥치는 대로 불사르고 유대인을 직장에서 쫓아냈어요. 독일의 언론들도 모두 히틀러의 영향권 아래에 들어갔어요. 독일 신문은 '아인슈타인은 국제적인 반역자'라는

1933년 나치 돌격대가 유대인 소유의 가게를 폐쇄하고 '유대인으로부터 물건을 구입하지 마시오!'라는 팻말을 들고 있다.

기사를 쏟아 내기 시작했어요. 아인슈타인뿐만 아니라, 다른 유명한 유대인들도 모두 반역자라고 주장했어요.

다행히도 아인슈타인은 그 당시 미국에서 강연을 하고 있었어요. 그때 독일 영사가 아인슈타인을 찾아와 말했어요.

"박사님, 지금 독일로 가면 히틀러가 박사님을 가만두지 않을 겁니다."

"그게 무슨 소리요. 저는 반드시 독일로 돌아갈 것입니다. 그리고 히틀러가 어떤 위협을 하더라도 절대 굴복하지 않을 겁니다."

하지만 아인슈타인은 결국 독일로 돌아갈 수 없었어요. 아인슈타인이 독일로 가지 않는다는 소식이 들려오자, 독일 신문들은 일제히 대문짝만 한 크기로 '기쁜 소식, 아인슈타인은 돌아오지 않는다!'라는 기사를 내보냈어요. 아인슈타인은 자신이 태어나고 자란 독일에 갈 수 없다는 사실이 슬펐어요. 또 독일에서 일어나고 있는 일을 전해 들으며 매우 분노했지요.

"정말 말도 안 되는 일이 일어나고 있어. 평화만 외치는 것은 이제 아무런 의미가 없어. 공공연하게 전쟁 준비를 하고 있는 히틀러의 포악성을 세상에 알려야 돼!"

이후, 아인슈타인은 전 세계를 다니면서 히틀러와 나치당의 잘못된 점을 지적했어요. 화가 머리끝까지 난 나치들은 현상금까지 내걸며 아인슈타인을 잡기 위해 *혈안이 되어 있었지요. 하지만 아인슈타인은 나치들의 위협에도 두려워하거나 숨지 않았답니다.

이 무렵, 아인슈타인은 평화주의에 대한 생각이 완전히 바뀌었어요. 그는 여러 사람에게 보내는 편지에서 공개적으로 자신의 생각을 밝혔답니다.

'예전에는 전쟁을 무조건 반대하는 것이 옳다고 생각했습니다. 그런데 지금은 상황이 많이 변했습니다. 독일은 전쟁을 준비하고 있고, 벨기에와 프랑스는 위험한 상황에 놓여 있습니다. 독일이 전쟁을 일으킨다면 어떻게 될까요? 유럽은 또다시 커다

1933년 한 신문에 실린 '칼을 든 아인슈타인'이라는 제목의 카툰. 아인슈타인이 '무저항 평화주의'의 날개를 잘라 내고 나치에 '저항'하기 위해 칼을 들었다는 의미다.

***혈안** 기를 쓰고 달려들어 독이 오른 눈.

란 위험에 빠지고 말 것입니다. 벨기에와 프랑스는 군사력을 키워야 합니다. 젊은이들은 기꺼이 군대에 가야 합니다.'

이 편지는 그동안 아인슈타인과 함께 전쟁과 군대에 반대하는 평화주의 운동을 했던 사람들에게 커다란 충격을 주었어요.

"박사님, 어떻게 이러실 수가 있습니까? 얼마 전까지만 해도 군대에 가는 것을 반대하지 않으셨습니까? 당신은 우리를 배신했어요!"

"절대 그렇지 않습니다. 저는 여전히 전쟁을 원치 않습니다. 다만, 평화만 외쳐서는 결코 평화를 지킬 수 없다는 사실을 깨달았을 뿐입니다. 지금 군사력을 키우지 않으면 독일이 전쟁을 일으켰을 때 더 큰 비극이 닥칠지도 모릅니다. 저는 지난 전쟁보다 더 참혹한 일이 벌어지는 것을 원하지 않습니다!"

불행히도 아인슈타인의 말은 사실로 다가오고 있었어요. 히틀러가 권력을 장악한 후 독일은 계속 군사력을 키웠고, 이제는 본격적으로 전쟁 준비에 몰두하고 있었거든요.

독일에 돌아갈 수 없었던 아인슈타인은 영국, 벨기에 등을 전전하다 마침내 미국에 보금자리를 마련했어요. 미국의 프린스턴 대학에서 아인슈타인을 교수로 초빙한 거예요. 독일과 멀리 떨어져 있는 미국은 매우 평화로웠어요. 그는 잠시나마 과학 연구에 집중할 수 있었어요. 하지만 세계는 인류 역사상 가장 비극적인 전쟁을 향해 한 걸음 한 걸음 다가가고 있었답니다.

세상을 바꾼 편지

　1939년, 아인슈타인이 미국에 정착한 지도 6년이 훌쩍 지났어요. 예순 살이 된 아인슈타인은 그해 여름 휴가차 미국 롱 아일랜드의 별장에 머무르고 있었어요. 외지고 한적한 곳이었지요. 그는 이곳에서 혼자서 조용히 연구를 하며 지냈어요. 취리히 대학 시절 그랬던 것처럼 가끔 요트도 타며 아름다운 풍경을 즐기기도 했어요. 뜨겁게 내리쬐는 태양과 빛에 반사되어 반짝이는 수면, 푸른 하늘과 바람에 나뭇가지가 흔들리는 풍경은 평화롭기 그지없었어요.

　아인슈타인이 테라스에 앉아 있던 어느 날이었어요. 저 멀리서 양복을 차려입은 두 명의 신사가 걸어오는 것이 보였어요. 가만 보니 한 사람은 아인슈타인이 아는 사람이었어요.

　"실라르드, 오랜만이네. 여기까지는 어쩐 일인가?"

　레오 실라르드는 헝가리 출신의 유대인 물리학자로, 아인슈타인이 베를린 대학에 있던 시절 아인슈타인의 강의를 듣고 논문을 쓴 제자이자 동료였어요.

　"오랜만입니다, 박사님. 저는 지난해에 뉴욕에 있는 콜롬비아 대학으로 자리를 옮겼습니다. 아, 이쪽은 유진 위그너라고 합니다. 저와 함께 연구하고 있습니다."

　"위그너 씨, 만나서 반갑소."

레오 실라르드

서로 인사를 나눈 후 아인슈타인이 다시 입을 열었어요.

"자, 이제 여기까지 찾아온 진짜 이유를 말해 보게. 콜롬비아 대학에서 연구한다는 사실을 알려 주려고 이 먼 곳까지 온 건 아닐 테니까 말이야."

실라르드의 얼굴이 갑자기 굳어졌어요. 그는 주위를 둘러본 후 작은 소리로 말했어요.

"여기서는 곤란합니다. 매우 중대한 사안입니다. 일단 안으로 들어가시지요."

실라르드의 반응에 아인슈타인은 뭔가 심상치 않은 일이 일어나고 있다고 생각했어요. 실라르드는 집안에서도 여전히 목소리를 낮춘 채 심각한 표정으로 말했어요.

"박사님, 지금 독일에서는 엄청난 일이 벌어지고 있습니다."

"나도 짐작은 하고 있네. 히틀러가 전쟁 준비에 미쳐 있지 않은가? 어쩌면 벌써 전쟁 준비를 끝마쳤는지도 모르지. 곧 전쟁이 일어날지도 몰라."

"그것보다 훨씬 더 무서운 일입니다."

"전쟁보다도 무서운 일이라니? 어서 말해 보게."

"독일에서는 지금 예전에 박사님이 발견한 '에너지가 질량과 같다'는 공식($E=mc^2$)을 이용한 연구가 한창입니다. 그들은 이 공식을 이용하면 엄청난 에너지를 만들 수 있다고 생각하고 있어요."

아인슈타인은 눈이 번쩍 떠졌어요.

"아, 그거라면 나도 잘 알고 있네. 하지만 그건 불가능한 일이야. 전에 프라하에서도 누군가 찾아와 비슷한 말을 했지. 그런데 검토해 보니 터무니없는 이야기였어."

"그렇군요. 그런데 상황이 바뀌었습니다. 얼마 전 독일의 과학자 오토 한과 리제 마이트너가 그 방법을 발견했습니다!"

실라르드는 아인슈타인에게 독일 과학자들이 발견한 내용을 자세히 설명해 주었어요. 아인슈타인은 자신이 만든 공식을 이용한 내용이라 곧바로 그 내용을 이해할 수 있었어요.

"음, 굉장하군! 정말 놀라운 일이야. 자네 설명대로라면 엄청난 에너지를 만드는 건 충분히 가능한 일일지도 모르겠군."

이때까지만 해도 아인슈타인은 사태의 심각성을 잘 알지 못했어요. 이에 실라르드가 덧붙였어요.

"박사님, 그런데 이 에너지를 전쟁에 이용한다면 어떻게 될까요? 전쟁에 미쳐 있는 히틀러는 아마 이걸 이용해 무기를 만들려 할 겁니다. 지금까지 존재하지 않던 엄청난 파괴력의 폭탄을 말입니다!"

여기서 실라르드가 말한 폭탄이란 바로 핵분열을 이용한 원자 폭탄이었어요. 자신이 내놓은 공식을 이용해 가공할 만한 위력의 폭탄을 만든다니, 실라르드의 말을 들은 아인슈타인은 등 쪽에서 서늘한 기운이 올라오는 것을 느꼈어요. 그의 표정은 매우 어두워졌어요.

"히틀러……. 그자는 분명히 그러고도 남을 거야. 만일 그 폭탄이 개발되어 히틀러의 손에 들어간다면 세계는 엄청난 비극을 맞게 될 거야……."

"도무지 해결 방법이 떠오르지 않아 박사님을 찾아온 겁니다. 무슨 좋은 방법이 없을까요?"

히틀러의 광기를 생각하자 아인슈타인은 손이 덜덜 떨려 오기 시작했어요. 한참을 생각하던 아인슈타인이 마침내 입을 열었어요.

"단순하게 접근한다면 해결 방법은 명확하네. 두 가지 방법이 있어. 하나는 히틀러가 폭탄을 만들지 못하게 하는 거야. 어떤가, 우리가 할 수 있는 일인가?"

실라르드가 한숨을 쉬며 대답했어요.

"히틀러가 독일의 정권을 장악했기 때문에 독일 내에서 그걸 막는다는 건 불가능한 일입니다. 게다가 독일의 과학은 세계 최고 수준입니다. 폭탄을 개발하는 건 시간문제일 겁니다."

"그렇다면 이건 어떤가? 우리가 그들보다 먼저 폭탄을 만드는 거지."

고민 끝에 1939년 8월 2일, 이들은 당시 미국의 대통령인 프랭클린 루스벨트 대통령에게 편지를 써 이 내용을 알리기로 했어요.

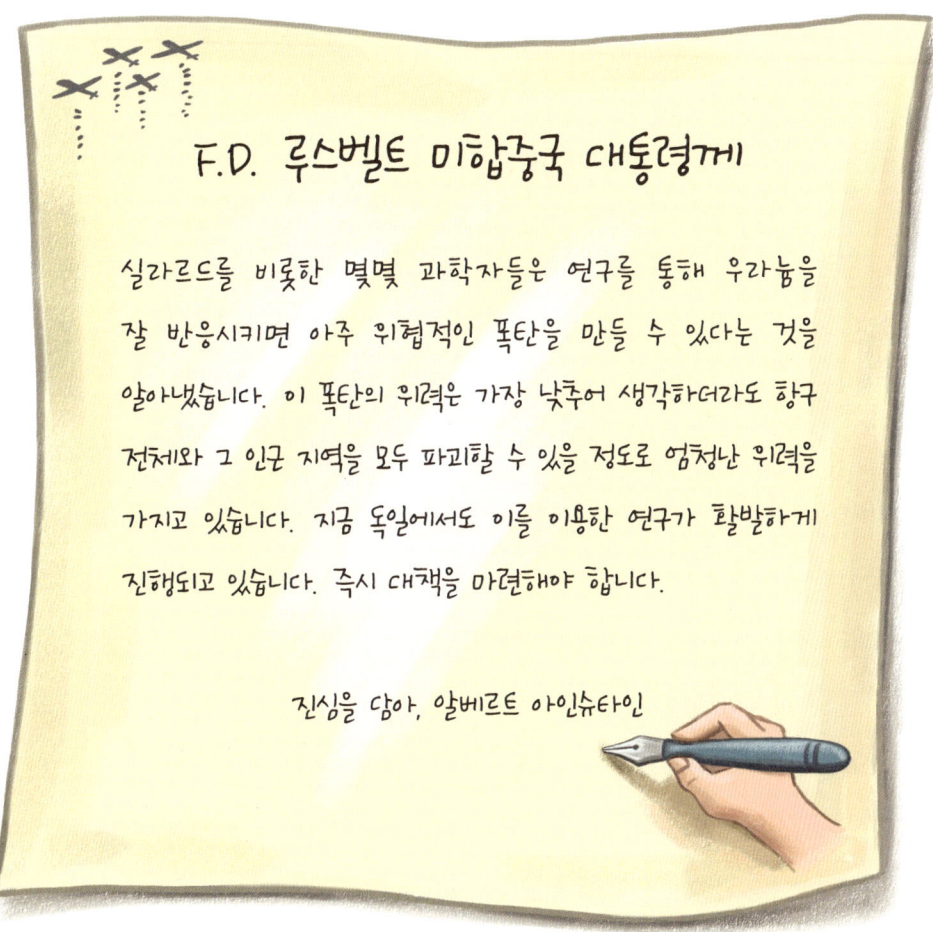

공교롭게도 아인슈타인이 루스벨트 대통령에게 편지를 보낼 즈음, 독일이 폴란드를 침공했어요. 마침내 2차 세계 대전이 시작된 거예요!

미국은 아직 전쟁에 뛰어들지는 않았지만, 히틀러가 일으킨 2차 세계 대전이 심상치 않다는 것을 알 수 있었어요. 아인슈타인의 편지를 받은 루

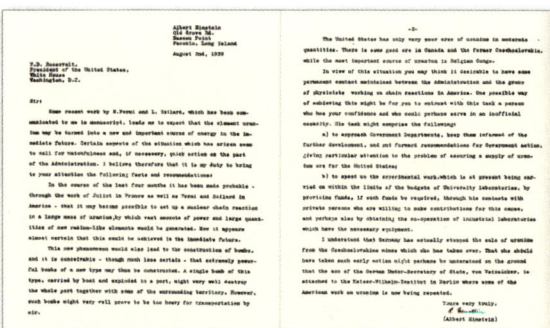
아인슈타인이 루즈벨트 대통령에게 보낸 편지의 사본

스벨트 대통령은 즉시 육군과 해군 장군들을 불러 이 문제에 대해 검토를 했어요. 그리고 2차 세계 대전이 발발하자 미국 정부는 비밀리에 '맨해튼 프로젝트'를 추진했어요.

맨해튼 프로젝트의 목적은 바로 '원자 폭탄'을 만드는 것이었어요. 역사상 가장 큰 규모의 과학 프로젝트였던 이 원자 폭탄 개발 계획에는 미국의 과학자들 외에도 히틀러를 피해서 도망쳐 온 세계 여러 나라의 과학자가 참여했어요. 세계적으로 이름난 과학자들만 해도 150여 명이었고, 일하는 사람들은 무려 13만 명에 이를 정도였지요. 연구를 위한 지원금은 무려 2억 달러에 달했어요. 이 모든 것이 비밀리에 진행되어야 했기 때문에 과학자들은 각자 살던 곳을 떠나 뉴멕시코 주의 산속에 새로 세워진 로스앨러모스 연구소에 모여 연구를 했답니다.

하지만 아인슈타인은 나이도 많은 데다가 이 일은 젊은 과학자들이 주도적으로 이끌어 나가야 한다고 생각했기 때문에 맨해튼 프로젝트에서는 빠졌어요.

한편, 독일의 기세는 대단했어요. 2차 세계 대전이 시작된 지 얼마 되지 않아 폴란드, 벨기에, 프랑스 등을 차례로 점령하면서 유럽을 공포로 몰아넣었지요. 그리고 점령한 지역에 살고 있는 유대인을 모조리 색출해서 수용소에 가두어 잔인하게 죽였어요. 2차 세계 대전 당시 무려 600만 명에 이르는 유대인이 '인종 청소'라는 명목으로 죽임을 당했어요. 이는 인류 역사상 가장 부끄럽고 치욕적인 사건이라고 할 수 있어요.

유럽은 이미 영국을 제외한 거의 모든 나라가 히틀러의 손에 들어갔기 때문에, 유대인들은 목숨을 유지하기 위해 자신들이 유대인임을 숨긴 채 숨어 지내야만 했어요. 광기가 휩쓸고 있는 유럽을 떠나 미국으로 도망치는 사람들도 많았어요. 아인슈타인은 미국으로 망명하려는 유대인과 미국에서 일자리를 구하려는 유대인들을 위해 수많은 추천서를 써 주었어요. 당시 많은 유대인들이 아인슈타인의 도움으로 무사히 미국으로 건너갈 수 있었답니다.

2차 세계 대전 초, *파죽지세로 유럽을 점령해 나가던 독일은 영국, 소련, 미국 등이 힘을 합쳐 반격하자 그 기세가 점차 수그러들었어요. 다행스럽게도 독일은 유럽 곳곳에서 여러 나라와 전쟁을 치르느라 원자 폭탄을 만들지는 못했어요.

그리고 전쟁이 시작되고 6년이 지난 1945년 4월 30일, 전세가 급격하게 연합군 쪽으로 기울자 히틀러는 스스로 목숨을 끊었어요. 며칠 후 독일은

***파죽지세** 대를 쪼개는 기세라는 뜻으로, 적을 거침없이 물리치고 쳐들어가는 기세를 이름.

항복을 선언했고 유럽에서의 전쟁은 끝이 났어요.

물론 전쟁이 완전히 끝난 건 아니었어요. 독일 편에 섰던 일본이 아시아와 태평양에서 끈질기게 저항하고 있었거든요. 많은 사람은 혼자 남은 일본도 곧 항복할 것으로 생각했어요. 아인슈타인도 마찬가지였어요. 그는 독일이 이미 항복한 만큼 즉시 원자 폭탄 개발을 중지해야 한다고 생각했어요. 인류를 파멸로 이끌지도 모르는 원자 폭탄이 실제로 사용되는 일이 없기를 바라는 마음에서였지요.

하지만 미국 정부의 생각은 달랐어요. 1945년 7월 맨해튼 프로젝트의 성공으로 핵무기를 손에 넣게 된 미국은 전 세계에 자신들의 힘을 과시하고 싶었어요. 그리고 원자 폭탄을 사용하기로 결정했어요.

독일이 항복한 지 3개월이 지난 1945년 8월 6일 저녁, 아인슈타인의 비서가 방문을 거칠게 열고 들어왔어요. 비서는 놀라고 겁에 질린 표정으로 아인슈타인에게 말했어요.

"박사님, 어떻게 이런 일이……! 방금 라디오에서……."

"대체 무슨 일인데 그러나?"

"미국이 일본에 원자 폭탄을 떨어뜨렸대요!"

"오, 맙소사!"

아인슈타인은 온몸이 얼어붙어 이 말밖에는 할 수 없었어요. 미국은 일본 히로시마에 원자 폭탄을 투하했어요. 도시의 건물 90%가 파괴되었고, 무려 7만 명이나 되는 사람들이 그 자리에서 목숨을 잃었어요. 방사능에

히로시마(왼쪽)와 나가사키(오른쪽)에 투하된 원자 폭탄에서 피어오르고 있는 버섯구름

오염된 사람과 화상을 입은 사람은 천천히 죽어 갔어요. 사망자는 계속해서 늘어나 모두 14만 명이 원자 폭탄 단 한 방으로 목숨을 잃었어요.

아인슈타인의 충격이 채 가시기도 전에 미국은 8월 9일에 또 하나의 원자 폭탄을 일본에 투하했어요. 이번엔 나가사키였어요. 나가사키 역시 대부분의 지역이 순식간에 폐허로 변했고, 수많은 사람이 흔적도 없이 사라졌어요. 이후 일본은 항복을 선언했고 마침내 2차 세계 대전은 끝이 났어요.

아인슈타인은 절망에 빠졌어요. 자신의 편지로부터 시작된 일이 이렇게 엄청난 결과를 가져오리라고는 상상도 못 했기 때문이에요. 그는 루스벨트 대통령에게 편지를 보낸 일을 두고두고 후회했어요.

"아! 내가 바라던 건, 결코 이런 게 아니었어. 나는 독일이 원자 폭탄을 만드는 걸 막고 싶었을 뿐이야. 나는 평화를 원했어!"

하지만 아인슈타인의 진심과는 달리,

많은 사람들은 아인슈타인을 '원자 폭탄의 아버지'라 불렀어요. 그해 말 정부에서 원자 폭탄이 만들어지는 과정을 기록한 공식 문서를 공개했는데, 그 안에 아인슈타인이 루스벨트 대통령에게 보낸 편지도 들어있었기 때문이에요.

사실 그 문서에는 실제로 원자 폭탄 개발에 가담한 수많은 과학자의 이름도 있었지만, 사람들은 아인슈타인의 이름만 기억했어요. 아인슈타인이 가장 유명했기 때문이기도 했고, 아인슈타인이 보낸 편지로부터 원자 폭탄 개발이 시작되었기 때문이에요. 또 원자 폭탄은 아인슈타인이 발견한 '에너지는 질량과 같다'는 공식을 기초로 개발된 것이기도 했으니까요.

아인슈타인이 프린스턴 대학 식당에서 밥을 먹고 있을 때였어요. 한 여학생이 찾아와서 아인슈타인에게 말을 걸었어요.

"아인슈타인 박사님, 박사님의 원자 폭탄으로 수십만 명이 목숨을 잃었어요. 이제 소련 사람들도 원자 폭탄을 만들기 시작할 거예요. 박사님이 아무것도 하지 않고 차라리 집에만 있었다면 더 좋았을 거예요."

주위에 있는 대학생들이 환호성을 질렀어요. 아인슈타인은 몹시 슬프고 괴로웠지만, 자신을 오해하는 사람들에게 아무런 말도 할 수 없었어요. 사람들이 자신에게 책임을 돌리는 것이 당연하다고 생각했기 때문이에요. 아인슈타인은 루스벨트 대통령에게 편지를 보낸 것에 대해 이렇게 털어놓았어요.

"그건 내 인생에서 가장 후회스러운 일이다."

인류를 사랑한 과학자

아인슈타인은 물리학자가 된 것에 회의감이 들었어요. 하지만 이렇게 후회만 하고 있을 수는 없었어요. 이제 예순여섯이 된 아인슈타인은 몸도 마음도 예전 같지는 않았지만, 전쟁으로 괴로워하는 사람들을 위해 자신이 할 수 있는 일을 해야겠다고 마음먹었지요.

아인슈타인은 인류의 평화를 위해서 필요한 것이라면 무엇이든 발 벗고 나섰어요. 그는 우선 일반 사람들에게 원자 폭탄의 위험성을 알리기 위해서 〈핵전쟁과 평화〉라는 제목의 책을 썼어요. 또 '핵 과학자 비상 위원회'에서 위원장을 맡기도 했어요. 그곳에서 그는 세계 정부를 만들어 원자 폭탄을 안전하게 관리해야 한다고 주장했어요. 원자 폭탄은 각 나라에서 자체적으로 관리하기에는 너무나도 위험한 무기이기 때문이지요.

원자 폭탄보다 더 무서운 파괴력을 지닌 수소 폭탄 개발을 막는 일에도 적극적으로 나섰어요. 2차 세계 대전 이후, 미국과 소련은 더 강력한 무기를 개발하기 위해 서로 경쟁하고 있었어요. 아인슈타인이 계속해서 수소 폭탄 개발에 반대하자 누군가 그에게 물었어요.

"어떤 과학자들은 엄청난 파괴력을 지닌 수소 폭탄의 존재 자체만으로도 전쟁을 억제하는 효과가 있다고 말합니다. 어떻게 생각하십니까?"

"원자 폭탄을 개발할 때도 많은 사람들이 그렇게 믿었습니다. 저 역시 그렇게 믿었는지도 모릅니다. 하지만 원자 폭탄은 실제로 사용되었지요.

우린 그 끔찍한 장면을 똑똑히 목격했습니다."

"그렇다면 박사님은 3차 세계 대전이 일어난다면 핵무기가 사용될 가능성이 있다고 보십니까?"

"글쎄요. 3차 세계 대전에서 무슨 무기가 사용될지는 알 수 없지만, 4차 세계 대전에서 무슨 무기가 사용될지는 확실히 말할 수 있습니다. 인류는 아마 돌과 막대기로 싸우게 될 것입니다. 3차 세계 대전 후에 인류는 모든 것을 잃게 될 테니까요."

이는 또다시 전쟁이 일어날 경우 핵무기가 사용될 것이며, 결국 모든 문

명은 파괴되고 아주 소수의 인류만 살아남아 석기 시대로 돌아갈 거라는 것을 경고하는 말이었지요.

아인슈타인은 세상 곳곳에 존재하는 불평등과 부조리에 관해서도 관심을 가졌어요. 당시 미국 내의 흑인들은 여전히 백인들로부터 멸시와 차별을 받고 있었어요. 미국의 노예 제도는 1865년 공식적으로 없어졌지만, 인종 차별은 좀처럼 사라지지 않았지요. 백인이 가는 영화관과 흑인이 가는 영화관이 따로 있었으며, 버스에서도 백인과 흑인 좌석이 나누어져 있었어요. 흑인들은 백화점에서 신발이나 옷을 입어 볼 수도 없었어요. 아인슈타인은 유대인으로서 독일에서 차별받았던 일이 떠올랐어요. 그는 〈패전트〉라는 잡지에 글을 기고해 여전히 존재하는 인종 차별을 신랄하게 비판했어요.

"미국 사회에서는 평등과 존엄에 대한 감각이 주로 백인에게 국한되고 있다. 흑인에 대한 편견은 그런 비열한 상황을 지속하려는 마음에서 나온 결과다. 이 상황을 정직하게 바라보는 사람이라면 흑인에 대한 편견이 얼마나 야만적이고 비루한 일인지 깨닫게 될 것이다."

아인슈타인은 자본주의의 문제점에 관해서도 이야기했어요. 길거리에 나앉은 수많은 거지를 보며 부자들은 계속 잘 살고 가난한 사람은 계속 못사는 것이 자본주의 사회의 치명적인 문제점이라고 생각했지요. 하지만 아인슈타인의 이런 시각은 주변 사람들의 오해를 불러일으키기도 했어요. 독일에 여전히 남아있는 반유대주의자들이 아인슈타인에 대한 헛소문을 퍼뜨렸거든요.

"아인슈타인이 소련에 갔다 왔다더군."

"뭐라고? 소련은 사회주의 국가잖아?"

"평소에 자본주의를 비난하더니, 역시 아인슈타인은 사회주의자임이 틀림없어."

당시는 자본주의 진영을 대표하는 미국과 사회주의 진영을 대표하는 소련이 서로의 체제의 우수성을 증명하기 위해 군사, 과학, 경제, 스포츠 등 모든 분야에서 서로 팽팽하게 맞서고 있는 시기였어요. 그래서 아인슈타인은 실제로 미국 연방수사국(FBI)의 조사를 받기도 했어요.

이처럼 아인슈타인은 인류를 위해서 많은 일을 했어요. 끊임없이 평화를 위해 노력했으며, 주변을 돌아보며 편견과 차별에 항의하기를 주저하지 않았답니다. 그리고 그 속에서도 여전히 변하지 않는 것이 있다면 바로 '진리에 대한 열정'이었어요.

숙제를 남기고 떠나다

1949년 아인슈타인은 70세 생일을 맞이했어요. 세계 각지에서 생일 축하 편지가 날아들었지만, 그는 조용히 생일을 보내고 있었어요. 노년이 된 아인슈타인에게 큰 변화가 찾아왔어요. 손가락 힘이 약해져서 더는 바이올린을 연주할 수 없게 된 것이지요. 이는 아인슈타인에게 크나큰 고통이었답니다.

그에게 바이올린은 자신을 위로해 주는 좋은 친구이자 끊임없이 아이디어를 제공하는 동료와도 같았어요. 어린 시절부터 힘들고 어려운 문제에 부딪힐 때마다 바이올린을 켜며 마음을 다잡았고 음악으로부터 영감까지 얻었으니, 그 아쉬움은 대단했어요. 그는 음악을 무척 사랑했고, 음악은 그에게 많은 영향을 미쳤어요.

"상대성 이론은 직관적으로 떠오른 것입니다. 그 직관을 떠오르게 한 것이 바로 음악이지요. 나의 새로운 발견은 음악적 깨달음에 따른 결과였습니다."

2년이 흘러 아인슈타인은 72세가 되었어요. 조용한 생일을 보내고 있던 그에게 기자들이 찾아와 말했어요.

"박사님. 생일 축하드립니다. 저희를 위해서 멋진 자세 한번 부탁드립니다."

아인슈타인이 수십 년 동안 수많은 기자로부터 받아 온 요청이었어요. 형식과 격식을 차리지 않고 살아온 아인슈타인은 그날따라 장난기가 발동했어요. 그는 기자들이 사진을 찍는 순간 혀를 쏙 내밀었어요. 기자들은 이 장면을

혀를 내민 아인슈타인

놓치지 않았고 사진은 순식간에 세상에 알려졌어요. 이 사진은 지금까지도 아인슈타인 하면 가장 먼저 떠오르는 사진이 되었답니다.

1952년에는 아인슈타인에게 깜짝 놀랄 만한 제안이 들어왔어요. 그 무렵 유대인들은 팔레스타인 지역에 이스라엘이라는 독립 국가를 만들었고 하임 바이츠만(Weizmann, Chaim Azriel)대통령이 나라를 다스리고 있었어요. 그런데 1952년에 바이츠만이 죽자 이스라엘 사람들은 아인슈타인이 그 자리를 물려받기를 원했어요. 특히 이스라엘 언론들이 앞장서서 분위기를 만들었어요.

"아인슈타인은 세계적인 과학자일 뿐만 아니라 전 인류를 위해 공헌하신 분입니다. 아인슈타인이야말로 그 자리에 가장 어울리는 분입니다."

"아인슈타인은 2차 세계 대전 때 유대인을 구하기 위해서 헌신적인 노력을 했습니다. 유대인들 사이에서 아인슈타인은 누구와도 비교할 수 없는 영웅입니다."

얼마 후 아인슈타인은 이스라엘 정부로부터 대통령이 되어 달라는 공식적인 요청을 받았어요. 물론 그는 이 요청을 받아들이지 않았어요. 그리고 이스라엘 대사에게 정중한 거절의 편지를 보냈어요.

"저는 이스라엘 정부의 제안에 깊이 감동했습니다. 하지만 안타깝게도 그 제안을 받아들일 수 없습니다. 저는 평생 객관적인 문제만 다뤄 온 사람입니다. 사람을 다루고 정치를 하는 데에는 소질도 없고 경험도 부족합니다."

그리고 마지막으로 물리학자다운 말을 남겼어요.

"내게는 방정식이 더 중요합니다. 정치는 순간이지만 방정식은 영원하기 때문입니다."

그는 70세가 넘어서도 연구를 계속했어요. 하지만 의사들은 그의 건강을 염려했어요.

"박사님, 이제는 정말 쉬셔야 합니다. 박사님의 건강 상태는 매우 좋지 않아요. 이러시다가 정말 큰일 날 수도 있어요. 절대 안정이 필요합니다."

"나는 괜찮네. 나는 이루고 싶은 것이 있어. 그것을 이룰 수 있을지는 모르겠지만, 그 꿈을 포기할 수는 없네. 그러니 이해해 주게."

그가 마지막으로 연구했던 주제는 바로 과거 자신이 틀렸다고 인정했던 '통일장 이론'이었어요. 이 연구는 지난 30년간 계속되었고, 아인슈타인에게는 '마지막 숙제'와도 같은 것이었어요. 아인슈타인은 중력과 전기력 등 자연에 존재하는 기본적인 힘을 하나로 통합하여 설명할 수 있는 이론을 완성하기 위해 마지막까지 노력했어요.

하지만 그는 끝내 이 숙제를 해결하지는 못했어요. 1955년 4월 13일, 아인슈타인은 심장에 이상이 생겨 쓰러졌고 프린스턴 대학 병원에 입원했어요. 병상에서도 그는 공책과 안경, 그리고 필기도구만 찾을 뿐이었어요. 아인슈타인은 수술을 거부했고 죽음을 순순히 받아들였어요. 그리고 5일 후인 4월 18일 20세기의 천재 알베르트 아인슈타인은 후대 사람들에게 숙제를 남겨둔 채 조용히 세상을 떠났답니다.

아인슈타인이 끝내 완성하지 못한 통일장 이론은 후대 과학자들이 이어받아 계속 연구하기 시작했어요. 그 결과 과학자들은 이 세상에는 중력과 전기력 외에도 약력과 강력이 존재한다는 것을 밝혀냈지요. 하지만 이 4종류의 힘을 묶어서 설명하는 것은 여전히 현대물리학의 최대 과제로 남아 있고, 아인슈타인의 마지막 숙제에 대한 연구는 지금까지도 계속되고 있답니다.

아인슈타인은 살아 있을 때 다음과 같이 말했어요.

"나에게는 특별한 재능이 없습니다. 단지 호기심이 많았을 뿐이지요. 질문을 멈추지 않는 것이 가장 중요합니다. 호기심은 그 나름의 존재 이유가 있습니다. 때때로 우리는 해답을 얻지 못할 때 두려움에 빠지기도 합니다. 하지만 이 불가사의한 세계에 대해 매일 조금씩 이해하려고 노력하는 것만으로도 충분합니다. 신성한 호기심을 잃어서는 결코 안 됩니다."

우리가 끝없이 호기심을 품고 있는 한 아인슈타인이 남겨 두고 간 '마지막 숙제'가 시원하게 해결될 날도 곧 오겠지요?

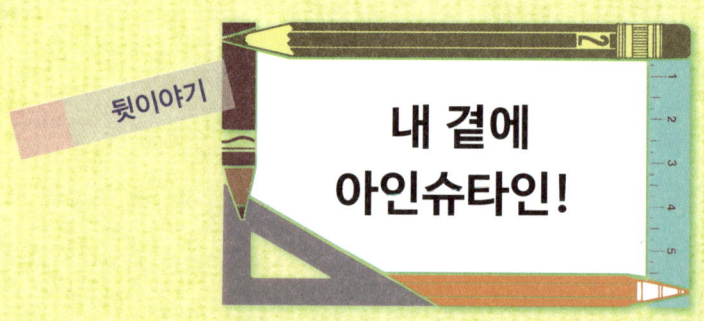

뒷이야기

내 곁에 아인슈타인!

아인슈타인은 지금으로부터 60여 년 전에 세상을 떠났지만, 아인슈타인이 발견하고 완성한 여러 이론은 여전히 우리 주위에 살아 숨 쉬고 있어요. 일상과는 전혀 상관없어 보이는 어려운 이론들이 알고 보면 우리의 생활 깊숙이 파고들어 활용되고 있는 거예요. 어떤 것들이 있는지 함께 살펴볼까요?

내비게이션에 상대성 이론이?

상대성 이론에 따르면 아주 빠른 속력으로 움직이는 물체의 시간은 느리게 흘러요. 또 중력이 약한 곳에서는 시간이 빨리 흐르지요. 그런데 지구에서는 물체가 천천히 움직이고 중력이 강하기 때문에 그 차이를 알기 힘들어요. 하지만 우주 공간에서 아주 빠른 속도로 돌고 있는 GPS(위성위치추적장치) 위성이라면 얘기가 달라져요. GPS 위성은 보통 약 20,000 km 상공에서 시속 13,800 km의 속도로 지구 둘레를 돌아요. 그러니까 GPS 위성은 중력의 영향을 덜 받는 곳에서 매우 빠른 속도로 움직이고 있는 거예요. 따라서 위성에서의 시간은 지표면의 시간보다 느리게 흐를 거예요. 게다가 약한 중력의 영향으로 시간이 빨리 가기도 할 거예요. 이런 속도와 중력 효과에 의한 시차를 바로잡아 주지 않으면 우리는 자동차의 내비게이션이나 스마트폰의 위치 정보를 사용할 수 없을 거예요. 이를 바로 잡는 역할을 하는 것이 바로 상대성 이론이랍니다.

디지털카메라 속 아인슈타인

'기적의 해'라고 불리는 1905년, 아인슈타인은 '광전효과'에 관한 논문을 발표했어요. 광전효과란 빛 알갱이, 즉 광자가 금속판을 때리면 전자가 튕겨 나가는 현상을 말해요. 아인슈타인은 이 현상을 설명하면서 '빛은 파동으로서의 속성뿐 아니라 입자로서의 성질도 갖고 있다'는 것을 밝혀냈어요. 1921년 아인슈타인은 이 논문으로 노벨상까지 받게 된답니다. 광전효과를 이용해 만든 대표적인 전자 제품이 바로 디지털카메라예요. 디지털카메라의 핵심 부품이라고 할 수 있는 이미지 센서(CCD) 외에도 자동문, 팩스, 복사기, 스캐너, 보안 카메라, 태양 전지, 음주 단속기 등 광전효과와 반도체 기술을 결합해 만든 제품은 매우 많답니다.

레이저에 숨어 있는 양자역학

레이저는 우리 눈에 잘 띄지는 않지만 많은 곳에 사용되고 있어요. 마트에서 볼 수 있는 바코드를 읽는 장치부터, 음악을 들을 수 있는 CD, 영화가 저장된 DVD 등은 모두 레이저를 이용해 정보를 읽어요. 또 라식 수술, 점 제거 등에도 '빛으로 된 칼'이라고 할 수 있는 레이저가 쓰여요. 레이저라는 개념을 처음 생각한 사람은 미국의 물리학자 찰스 타운스예요. 그리고 이 레이저 발명의 실마리가 된 것이 바로 '빛의 유도 방출'이라는 아인슈타인의 양자역학과 관련된 연구였어요. '레이저(LASER)'가 바로 '유도 방출에 의한 빛의 증폭'의 약자이기도 해요.

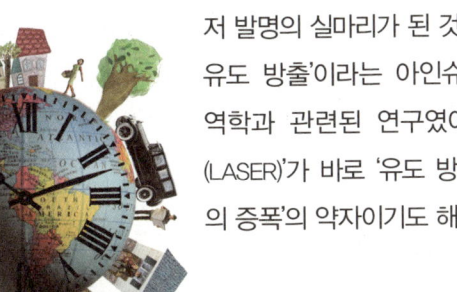

아인슈타인이 남긴 말·말·말

교양 교육의 가치는 사실을 배우는 데 있는 것이 아니라, 교과서에서 배울 수 없는 것을 생각하는 사고력을 훈련하는 데 있다.

지혜는 학교에서 배우는 것이 아니라 평생 노력해 얻는 것이다.

논리는 당신을 A부터 B까지 데려가 줄 뿐이지만, 상상력은 그 어디든 데려가 준다.

성공한 사람이 되려고 하지 말고 가치 있는 사람이 되려고 해라.

인생이란 자전거를 타는 것과 같다. 균형을 유지하기 위해서는 계속 움직여야 한다.

상상력은 지식보다 더 중요하다.

인생을 살아가는 데는 두 가지 방법이 있을 뿐이다. 하나는 아무것도 기적이 아닌 것처럼 사는 것이고, 다른 하나는 모든 것이 기적인 것처럼 사는 것이다.

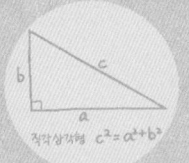

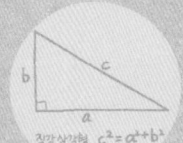

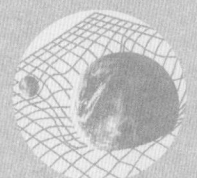

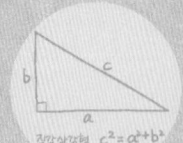